GÉNÉALOGIE

DE LA MAISON

DE VÉLARD

(VÉLARD, VELLARD OU VELLAR)

EN BOURBONNAIS, EN AUVERGNE, EN BERRI ET EN ORLÉANAIS,

PORTANT POUR ARMES :

D'AZUR SEMÉ DE CROISETTES D'OR, AU CHEF DE MÊME.

ORLÉANS,

IMPRIMERIE ET LITHOGRAPHIE E. CHENU, RUE CROIX-DE-BOIS, 21.

———

1868.

GÉNÉALOGIE

DE LA

MAISON DE VÉLARD.

GÉNÉALOGIE

DE LA MAISON

DE VÉLARD

(VÉLARD, VELLARD OU VELLAR)

EN BOURBONNAIS, EN AUVERGNE, EN BERRI ET EN ORLÉANAIS,

PORTANT POUR ARMES :

D'AZUR SEMÉ DE CROISETTES D'OR, AU CHEF DE MÊME.

ORLÉANS,

IMPRIMERIE ET LITHOGRAPHIE E. CHENU, RUE CROIX-DE-BOIS, 24.

1868.

ORIGINE.

La maison de VÉLARD ou VELLARD tire son nom de la terre de *Velars-sur-Ouche*, à trois lieues de Dijon, mais cette possession lui échappa de bonne heure, car on la trouve depuis une époque fort reculée au nombre des domaines de l'abbaye de Saint-Benigne de Dijon.

C'est en Champagne qu'on rencontre le premier sujet du nom de V*élard,* mais il était là au service du duc de Bourgogne.

Deux quittances originales, l'une de 1395 et l'autre de 1401, sont données à JEHAN DE VÉLARD, receveur du domaine du duc de Bourgogne pour son comté de Rhetel, l'une des sept pairies de Champagne.

Ce Jehan *de Vélard,* receveur du Rhételois, fut, selon toutes les apparences, le bisaïeul de Jean *de Vellar,* seigneur de Crespy, sous le comté

de Brienne, autre pairie de Champagne, par lequel
nous commençons la généalogie qui suit.

D'Hozier rapporte (1er registre, p. 157) que
Jeanne DE VÉLART était mariée en 1451 avec Jean
de Courtoux, seigneur de Courtoux au Maine.

Les deux mentions qui suivent doivent aussi
appartenir aux *Vélard*, demeurés en Champagne,
où il n'en existait plus à l'époque de la grande
réformation de 1667.

Jacques DE VELAR, seigneur de la Tour, figure
au nombre des 71 archers de la compagnie des
gardes françaises de Monseigneur, frère du Roi,
sous la charge de Guillaume Pot, seigneur de
Roddes et de Chemaux, dans un rôle original de
ladite compagnie, du 4 janvier 1576.

David DE VÉLARD, figure comme le premier des
six-vingts hommes de guerre à pied français,
tenant garnison à Nogent-le-Roi, près de Langres,
sous la charge de Valentin Bricault, écuyer, seigneur des Landes, dans le rôle original de la
revue de ladite compagnie, passée le 24 février
1593.

BRANCHE AINÉE.

I. Jean DE VELLAR, chevalier, seigneur de Crespy, sous le comté de Brienne en Champagne, servit sous Charles VIII, suivant Proust de Chambourg, dans sa *Généalogie de la maison d'Orléans de Rère*, publiée en 1684. Ce fut sans doute de l'expédition d'Italie, en 1494, qu'il rapporta l'idée de donner à l'orthographe de son nom une forme Italienne qui a prévalu pendant longtemps dans sa postérité en l'écrivant *Vellar* au lieu de *Vélard*. Il fut père de :

II. Guy DE VELLAR, chevalier, aussi seigneur de Crespy, lequel eut pour fils, selon le même Proust de Chambourg, Antoine, qui suit, le plus ancien dont la filiation soit authentiquement prouvée.

III. Antoine DE VELLAR, écuyer, le premier qui s'établit en Bourbonnais, était lieutenant de la compagnie de cent lances du maréchal de Chabannes, vice-roi du Piémont. Après la mort de ce Maréchal, tué à la bataille de Pavie, en 1525, il ramena son corps à La Palice pour y être inhumé; ce fut à l'occasion de cette mission qu'il épousa Jeanne DE TREILLE, dame des Bourbes, sous la châtellenie de Billy, en Bourbonnais.

D'après un acte de 1528, Antoine de Vellar aurait été veuf en premières noces de Gabrielle *Lallier*, sœur de Guillaume Lallier, écuyer, et de Claude Lallier, prêtre, qui paraissent appartenir à une famille de la Picardie.

Peu de temps après son second mariage, sa femme et lui acquirent, d'Antoine d'Antigny, la seigneurie de Crespy, dans le comté de Brienne, en Champagne, mais ils l'échangèrent presque aussitôt, par acte du 9 mai 1529, passé à Vassy, avec Jean de la Haye, écuyer, seigneur du Creil-sur-Marne, et Hélène de Betancourt, sa femme, contre la seigneurie des Salles et de Tour, dans la paroisse de Meillers, près de Souvigny, sous la mouvance de Bourbon-l'Archambaud.

Cette seigneurie de Crespy était singulièrement morcelée; un acte de 1532 porte qu'Isabelle de Marisy y était fondée pour une cinquième partie dans le tiers de la moitié. Si, au lendemain de son mariage en Bourbonnais, Antoine de Vellar avait employé les deniers de sa femme à faire, dans une province éloignée, une acquisition qui présentait en elle-même aussi peu d'intérêt, il avait dû y être déterminé par quelque considération puissante : celle de se rapprocher de son berceau, de rentrer dans une portion du domaine de ses pères. Les liens qui l'attachaient à la Champagne s'étant brisés bientôt après, il retourna en Bourbonnais et adopta définitivement la patrie de sa femme. Cadet de sa maison, il ne fut point saisi des titres de famille, c'est pourquoi son arrière petit-fils ne put remonter que jusqu'à lui sa filiation juridique, lors de la réformation de la noblesse du Bourbonnais faite en 1667.

Antoine de Vellar fut convoqué à l'arrière-ban de la noblesse du Bourbonnais en 1534 et mourut bientôt après; Jeanne de Treille, sa veuve, convola avec Hugues de Mondoucet, écuyer, capitaine de Montaigu - le - Belin, en Bourbonnais, maître d'hôtel ordinaire de madame de La Palice. Ce Hugues de Mondoucet avait en 1540, la tutelle des trois enfants issus du premier lit de sa femme, qui étaient :

1° François *de Vellar*, écuyer, qui, devenu majeur en 1557, déclara à Hugues de Mondoucet, son beau-père, resté tuteur de son frère et de sa sœur, encore mineurs, qu'il prenait le fief des Bourbes pour son préciput noble, comme fils aîné. Ce François de Vellar mourut avant 1560, sans laisser de postérité;

2° Claude *de Vellar*, qui suit ;

3° Anne *de Vellar*, qui fut mariée deux fois : 1° par contrat du 2 avril 1547, passé à La Palisse, avec Pierre Mareschal ; 2° avec Jean Haré, avec lequel elle vivait en 1561.

IV. Claude DE VELLAR, écuyer, reçut en partage, en 1557, la seigneurie des Salles ; et, par une transaction du 24 juin 1560, les droits honorifiques dans l'église de Meillers lui furent adjugés. Il exerça par intérim la lieutenance de Roi en Bourbonnais, et vivait encore en 1609.

Il avait épousé, par contrat du 16 février 1560, Anne DE MONTCOQUIER, fille de feu Claude de Montcoquier, chevalier, seigneur de Montcoquier, dans la paroisse de Monestay-sur-Allier, et des Foucauds, dans la paroisse de Chemilly, près de Moulins ; ancien maréchal-de-camp sous le duc de Guise, et de Louise *de Larguin.*

De ce mariage vinrent :

1° Jean *de Vellar,* qui suit ;

2° François *de Vellar,* auteur de la BRANCHE DE LOGÈRE, qui suivra ;

3° Charles *de Vellar,* auteur de la BRANCHE DE MONTIFAULT, qui suivra aussi ;

4° Demoiselle N*** *de Vellar,* mariée à Antoine *Le Tailleur,* écuyer, seigneur de Thounin, dont elle eut :

A. François Le Tailleur, écuyer, seigneur de Touvinot ;

B. Louis Le Tailleur, prêtre, prieur de Chantevor ;

Qualifiés tous les deux de cousins-germains de René de Vellar dans son contrat de mariage de 1631 ;

C. Jean Le Tailleur écuyer, seigneur de Plamont, mort avant 1642, laissant des enfants mineurs sous la tutelle et curatelle d'Antoine de Vellar, seigneur de Logère, et de Gabriel de Vellar, seigneur de Montifault.

V. Jean DE VELLAR, chevalier, seigneur des Salles, fut exempté, par lettres du roi Henri IV, du 28 décembre 1597, du ban et arrière-ban alors convoqué, en considération des services qu'il avait rendus à S. M. tant aux siéges d'Amiens et de Doullens qu'au voyage d'Arras. Proust de Chambourg, dans sa *Généalogie de la Maison d'Orléans de Rère,* imprimée en 1684, dit que ce Jean de Vellar fut maréchal-de-camp et capitaine des gardes du duc de Mayenne. Il vivait encore en 1614, mais il était mort en 1631. Ce fut probablement lui qui bâtit le château des Salles, grande construction du XVIIᵉ siècle : cette terre était passée à la famille Michel en 1736.

Jean de Vellar, épousa, par contrat du 14 juillet 1596, passé au château de Paudy, près d'Issoudun, en Berry, Madeleine DE CHEVRIER, fille de défunt Claude de Chevrier, écuyer, seigneur de Paudy, Diou, St-Romain, etc., et d'Antoinette *de Malfède,* fille de François, baron de Malfède et du Dagnac, en Limousin.

Anne de Montcoquier était morte alors, et Claude de Vellar n'était pas présent au contrat. Son fils y était assisté de frère Louis *de Villars,* son cousin, chevalier de l'Ordre de Saint-Jean-de-Jérusalem et commandeur de Carlat, en Auvergne, et d'Antoine *des Boyaux,* aussi son cousin, seigneur de Colombières.

Sa femme et lui firent foi et hommage au Roi pour la terre de Paudy.

Jean de Vellar laissa de Madeleine de Chevrier :

1° Henri *de Vellar*, mort sans enfants après 1631 ;

2° René *de Vellar*, qui suit ;

3° Marie *de Vellar*, mariée avant 1632 à Balthazard *de Chanteau* ;

4° Françoise *de Vellar*, mariée le 30 juin 1619 à Silvain *d'Oiron*, écuyer, seigneur de Séguières, dans la paroisse de Saint-Denis-de-Jouzet, près de la Châtre, fils d'Annet d'Oiron, seigneur d'Agin, et d'Anne Brachet. Ils eurent pour fils : Pierre d'Oiron, écuyer, seigneur de Séguières, qui épousa le 13 octobre 1651 Anne de Ligondez de Genouillac.

VI. René DE VELLAR, chevalier, seigneur de Paudy, né en 1609, obtint en 1635 et en 1639 deux certificats des services qu'il avait rendus au Roi dans ses armées. Le 27 mai 1644, il fit hommage au Roi de la seigneurie de Paudy, mouvante de la grosse tour d'Issoudun, entre les mains du lieutenant-général de cette ville ; et rendit deux aveux et dénombrements de ladite terre en 1656 et en 1658. Par ordonnance de M. d'Herbigny, intendant des généralités de Moulins et de Bourges, en date du 9 avril 1667, il fut maintenu dans sa noblesse avec ses deux fils : Philippe et René *de Vellar*.

René de Vellar épousa à Issoudun, par contrat du 10 juin 1631, Catherine HEURTAULT, fille de Philippe Heurtault, seigneur de Chaumay, et de Catherine *Chapus*, dame d'Availles. Il en eut :

1° Philippe *de Vellar*, qui suit ;

2° René *de Vellar*, auteur de la BRANCHE D'ANJOUIN ET DE CHATEAUVIEUX, qui suit ;

3° Marie *de Vellar*, vivait en 1667 ;

4° Catherine *de Vellar*, mariée à René *du Lac*, chevalier, seigneur de Tréfontaine, vivaient en 1666 ;

5° Françoise *de Vellar*, mariée deux fois : 1° vers 1670, à François *de Français*, chevalier, seigneur d'Espagne, près de Vatan, fils de Jean de Français, chevalier, seigneur d'Espagne, et d'Anne de Berthier ; 2° le 1er février 1674, avec Dieu-Donné Louis de *Marolles*, chevalier, seigneur du Rabry, dans la paroisse d'Heugnes, près de Buzançais, dont elle eut : Gilles-Claude de Marolles, chevalier, seigneur du Rabris, qui épousa à Orléans, le 21 novembre 1708, Françoise Dardeau.

Françoise de Français, petite-fille de Françoise de Vellar, épousa dans la suite Claude de Vellard, seigneur d'Anjouin.

VII. Philippe DE VELLAR, chevalier, né à Paudy le 30 mai 1645, seigneur châtelain de Paudy, Diou, Saint-Romain et Availles, dit le chevalier ou le capitaine *de Paudy*, fut nommé capitaine au régiment d'Auvergne, le 16 octobre 1665, puis capitaine au régiment du Dauphin et gentilhomme de la chambre du roi en 1669, fit hommage au Roi, au bureau des trésoriers de France à Bourges, le 3 octobre 1669, pour ses terres et seigneuries de Paudy, Diou, Saint-Romain et Availles, qui lui étaient échues par la mort de René de Vellar et de Catherine Heurtault, ses père et mère. Fut nommé brigadier de la noblesse du Berry et reçut, le 21 novembre 1674, du maréchal de Créquy, un certificat des services qu'il avait rendus en qualité de son aide-de-camp, durant le temps qu'il commandait l'arrière-ban. Fut commissionné, le 6 avril 1680, par les maréchaux de France, pour prévenir, arrêter et juger les différends des gentilshommes du baillage d'Issoudun.

Philippe de Vellar épousa, par contrat du 16 décembre 1666, Marie d'Orléans, fille de François d'Orléans, chevalier, seigneur du Plessis-de-Rère, de la Moussetière, de la Tartelinière et de Vic-sur-Nahon, et d'Elisabeth *Carré*, dame d'Anjouin. Marie d'Orléans mourut au mois de novembre 1677, ayant eu six enfants, desquels il ne restait plus que deux vivants en 1684.

1° Godefroy Maurice *de Vellar*, qui suit ;

2° Jean Louis *de Vellar,* né le 23 mai 1676, et qui mourut jeune.

VIII. Godefroy-Maurice DE VELLAR, chevalier, né au château de Paudy le 4 août 1671, seigneur de Paudy, la Moussetière, Vic-sur-Nahon, fut reçu page du Roi, dans sa grande écurie, le 28 avril 1687, sur preuves de noblesse qu'il fit à cette date devant le généalogiste d'Hozier, ce qui a donné lieu d'insérer sa filiation dans le 1er registre de *l'Armorial de France*. Il était, en 1702, capitaine au régiment de dragons de Quercy. Vers cette époque, la terre de Paudy fut saisie sur lui à la requête de René de Vellar, son oncle, seigneur d'Anjouin, dont il était le débiteur, et fut adjugée le 29 janvier 1703 à Claude de la Fond, chevalier, seigneur de la Beuvière et de la Ferté-Gilbert. Le château de Paudy resta depuis lors inhabité, et il était tombé dans un complet délabrement dès 1748.

Godefroy-Maurice de Vellar épousa à Paris, par contrat du 13 janvier 1693, Jeanne-Charlotte-Anne DE BAUDRAN, fille de Louis de Baudran, écuyer, premier substitut du Procureur général en la Cour des Aides, et de Marie-Anne *Audiger*.

Godefroy-Maurice de Vellar était mort en 1715, époque à la quelle il laissait cinq enfants mineurs sous la tutelle de leur mère, qui fit production de leurs titres de noblesse devant M. Foullé de Martangis, intendant du Berry. Ces cinq enfants, tous nés à Paris, sur la paroisse de St-Jean-en-Grève, étaient :

1° Godefroy-Nicolas *de Vellar,* baptisé le 19 mars 1696 ;

2° Michel-Antoine *de Vellar,* baptisé le 16 juillet 1699 ;

3° Nicolas-François *de Vellar,* baptisé le 29 octobre 1700 ;

4° Louis-Pascal *de Vellar,* baptisé le 27 août 1702 ;

5° Louise-Charlotte *de Vellar,* baptisée le 6 août 1694, fut mariée à Edmond *Le Prestre,* écuyer, qui est qualifié en 1750 de seigneur de Vic et de la Moussetière, ce qui semble indiquer que ses quatre beaux-frères étaient morts sans postérité, puisqu'il réunissait tout l'héritage de son beau-père.

Edmond Le Prestre était frère de Louis-Joseph-Edmond Le Prestre, trésorier général des troupes de la maison du Roi et receveur général des Finances de la généralité de Caen. Il a laissé postérité de Louise-Charlotte de Vellar,

BRANCHE D'ANJOUIN ET DE CHATEAUVIEUX.

VII. René DE VELLAR, seigneur d'Anjouin, né en 1646, fils puîné de René *de Vellar*, seigneur de Paudy, et de Catherine *Heurtault*, fut maintenu dans sa noblesse par deux ordonnances de MM. de Creil et de Bouville, intendants de la généralité d'Orléans, en date des 15 décembre 1693 et 13 janvier 1703. Il fit enregistrer ses armes dans *l'Armorial général* le 9 septembre 1697 et mourut à Châteauvieux le 2 mars 1706. Il a été inhumé dans l'église de Neung-sur-Beuvron.

René de Vellar avait épousé, par contrat du 9 février 1679, Claude DE PUYVINAULT, dame de Châteauvieux, fille de défunt Jean de Puyvinault, chevalier, seigneur de Châteauvieux, dans la paroisse de Neung--sur-Beuvron en Sologne, et de Marie *de Gyvès*. Claude de Puyvinault mourut à Châteauvieux le 29 juillet 1715 et fut inhumée dans le chœur de l'église de Neung.

2

Ses enfants furent :

1° Gaspard *de Vellar,* qui suit ;

2° Renè *de Vellar,* seigneur d'Anjouin, vivait en 1717 et mourut sans alliance avant 1740 ;

3° Claude DE VELLAR, écuyer, né en 1693, seigneur d'Anjouin après son frère René, mort à Anjouin le 2 juin 1743, épousa Françoise DE FRANÇAIS, fille de Philippe François de Français, chevalier, seigneur d'Espagne, et de Marie-Emerantienne *de Beaufort.* Philippe-François de Français était fils de François de Français, seigneur d'Espagne, et de Françoise *de Vellar* de Paudy.

Françoise de Français mourut à Anjouin le 24 décembre 1767, ayant eu de Claude de Vellard :

A. Claude-René *de Vellard*, écuyer, seigneur d'Anjouin, né à Anjouin le 21 novembre 1735, mort sans alliance, au même lieu, le 19 frimaire an XI (10 décembre 1802) ;

B. Claude-Joachim *de Vellard,* né à Anjouin le 8 mars 1739, premier grand vicaire de Bourges, mort le 16 janvier 1810 ;

C. Madeleine-Renée *de Vellard,* née à Anjouin le 10 août 1732, morte sans alliance ;

D. Marie-Emmerantienne *de Vellard*, née à Anjouin le 12 décembre 1737, morte sans alliance.

4° Renée *de Vellar,* non mariée, vivait en 1750.

5° Marie-Louise *de Vellar,* mariée après 1717 à Louis *de Boisvilliers,* chevalier, seigneur de Laubraye, en la paroisse de Gy, près de Romorantin. Elle était veuve en 1735.

Ces cinq enfants partagèrent noblement les successions de leurs père et mère, le 24 octobre 1715.

6° Catherine Claude *de Vellar,* vivait en 1703.

7° Jean-Baptiste *de Vellar,* seigneur de Neung, né en 1690, mort à Châteauvieux le 25 avril 1713.

VIII. Gaspard DE VELLAR, Ier du nom, chevalier, seigneur de Châteauvieux et de Neung, né en 1682, mort à Châteauvieux le 5 janvier 1728 et inhumé dans le chœur de l'église de Neung, épousa, par contrat passé le 14 juin 1717, au château de Vignelle, paroisse de Jouy-le-Potier, Catherine SAIN de Montigny, fille de Claude Sain, écuyer, seigneur de Montigny dans la paroisse de Villermain, en Beauce, ancien officier dans les régiments de cavalerie de Royal-Cravate et du Dauphin, et de Pétronille *Hotman.*

De ce mariage ne vint qu'un fils unique :

IX. Gaspard DE VELLARD, IIe du nom, né en 1719, chevalier, seigneur de Châteauvieux et de Vignelle, officier au régiment de Champagne en 1728, mourut à Châteauvieux le 13 septembre 1750 et fut inhumé dans le chœur de l'église de Neung, du côté de l'évangile.

Il avait épousé à Orléans, par contrat du 20 février 1746, Marie-Anne-Françoise BOYETET DE BOISSY, née à Orléans, le 30 octobre 1726, fille de défunts Charles-Borromée Boyetet, écuyer, seigneur de Boissy-le-Sec, près d'Étampes, et de Marie-Françoise *Pochon* de Beauregard.

De ce mariage vinrent :

1° Louis Gaspard *de Vellard,* qui suit,

2° Anne-Catherine *de Vellard,* dame de Vignelle, mariée à Orléans, le 22 mars 1763, à François-Jean-Baptiste *Lambert,* écuyer, seigneur de Villemarre, capitaine au régiment d'infanterie d'Orléans, fils de François Lambert, écuyer, seigneur de Villemarre et de Launay, et d'Anne Nouel de Tourville ; dont une fille : Jeanne-Charlotte Lambert de Villemarre, mariée à M. Patas de Melliers, dont :

   A. M. Patas de Melliers, mort en Russie.

   B. Charlotte-Marie-Fortunée Patas de Melliers, mariée à Jean-Jacques Goislard, comte de Villebresme ; dont : Thimoléon, comte de Villebresme, marié à D^{lle} Crignon des Ormeaux ; Gonzalve, vicomte de Villebresme, marié à D^{lle} de Gastine ; et de D^{lle} de Villebresme, mariée au comte de Tristan.

   C. Adèle-Charles-Félicité-Josèphe Patas de Melliers, mariée à M. Léon Crublier de Fougères, dont : Arthur Crublier de Fougères, marié à D^{lle} de Rigny, et D^{lle} Jenny de Fougères, mariée en premières noces au comte Charles de Montbel, et en secondes noces au comte Drouin de Rocheplatte. Du premier lit est née D^{lle} Luce de Montbel, mariée au comte Arthur de la Rochefoucault.

X. **Louis-Gaspard,** vicomte DE VÉLARD, né le 17 août 1748, chevalier, seigneur de Châteauvieux, de Chaussy, près de Pithiviers, et de la Noue, paroisse de Selles-Saint-Denis, qui lui échut en 1758, avait acquis, en 1753, la terre de Bouchetault, dans la paroisse de Chaumont-sur-Tharonne, en Sologne, et échangea, en 1772, sa terre de Châteauvieux contre celle de Mozettes, dans la même paroisse de Chaumont. Il fut reçu chevauléger de la garde ordinaire du Roi en 1764, après avoir fait les preuves de noblesse exigées pour son admission, et se retira du service en 1772. Il émigra avec son fils aîné, le 12 janvier 1792, et servit dans l'armée de Condé, jusqu'à son licenciement, en qualité de capitaine dans la légion de Frotté. Nommé chevalier de Saint-Louis, par ordonnance du 11 septembre 1814, il est mort à Orléans le 15 mai 1818.

Louis-Gaspard de Vélard avait épousé à Orléans, par contrat du 22 février 1775, Henriette PROUVANSAL DE SAINT-HILAIRE, morte à Chaussy, le 3 novembre 1823, fille mineure de défunt François-César-Henri Prouvansal de Saint-Hilaire (Saint-Hilaire près d'Etampes), écuyer, seigneur d'Ascoux, près de Pithiviers, officier des vaisseaux du Roi, chevalier de Saint-Louis, et d'Elisabeth *Massuau* de la Borde.

De ce mariage vinrent :

1° Louis-François-Philippe *de Vélard*, né à Ascoux, le 7 janvier 1776, émigra avec son père en 1792, fit

toutes les campagnes de l'armée des princes, et, après
son licenciement, passa en Angleterre, où il fut incor-
poré dans l'expédition de Quiberon. Il a été fusillé
à Vannes en 1795.

2° Alexandre-Augustin *de Vélard,* né le 5 avril 1778,
mort en bas âge ;

3° Georges-Camille *de Vélard,* qui suit ;

4° Augustin *de Vélard,* né à Chaussy le 15 juin 1787,
sous-lieutenant au 44° régiment d'infanterie de ligne,
blessé mortellement à la bataille d'Eylau, mort le
lendemain à Kœnigsberg ;

5° Anne-Henriette *de Vélard,* née en 1780, morte le 12
janvier 1805, avait été mariée, en 1803 à M. *Choppin*
de Seraincourt, dont elle a eu :

> Henriette Choppin de Seraincourt, née le 19 septembre
> 1803, morte le 27 novembre 1864, mariée le 13 juillet
> 1825 à Marie-Thomas, comte de Kermellec, dont elle a
> eu trois fils : Henri, comte de Kermellec, né en 1826 ;
> Eugène-Charles, vicomte de Kermellec, né en 1827,
> mort le 3 janvier 1868 ; et Thomas de Kermellec,
> né en 1828, mort jeune.

5° Adelaïde-Charité *de Vélard,* née à Chaussy le 9 août
1781, mariée en 1807 à François-Gabriel du *Jouhannel*
de Jenzat, morte au château de Malmouche, en Auvergne, le 30 septembre 1863, ayant eu : Edmond du
Jouhannel de Jenzat, né en 1810, mort sans alliance
en 1831.

XI. Georges-Camille, comte DE VÉLARD, né au
château de Chaussy le 31 mars 1784, a fait, sous
le premier empire, les guerres d'Italie en qualité

de lieutenant de grenadiers au 13ᵉ régiment d'infanterie de ligne, puis a été chef d'escadron d'état-major des gardes nationales du département du Loiret. Il est mort à Orléans le 18 janvier 1863.

Le comte de Vélard avait épousé à Orléans, par contrat du 6 février 1810, Anne-Honorine DE HALLOT, morte à Orléans le 21 décembre 1863, fille mineure de Louis-Joseph, marquis de Hallot, et d'Anne-Thérèse *Egrot* de Lude.

De ce mariage sont nés :

1° Georges-Camille *de Vélard*, qui suit ;

2° Ambroise-Gabriel-Gustave *de Vélard*, né le 6 septembre 1814, mort le 8 septembre 1815.

3° Louise-Madeleine *de Vélard*, née à Orléans le 4 août 1811, mariée dans la même ville, le 26 mars 1829, à Benoist-Pierre-Jules *de la Ville de Baugé*, capitaine adjudant-major aux grenadiers à cheval de la garde royale ; fils de Pierre-Louis de la Ville de Baugé, général en second de la division d'Anjou, dans la grande armée Vendéenne, pendant son expédition d'Outre-Loire, et commandant en chef de l'artillerie aux batailles de Laval, d'Antrain et de Dol ; et de Caroline-Bibienne *Garnier de Farville*. Louise-Madeleine de Vélard a eu deux fils :

A. Théodore-Marie-Camille de la Ville de Baugé, né le 14 mars 1830, mort le 21 avril 1864, avait épousé en 1856 Louise-Marie-Alexandrine *Clément* de Blavette, dont :

Marie-Marguerite-Thérèse de la Ville de Baugé, née

le 25 septembre 1860, morte en 1864 ; et Henri-Marie-Pierre-Victor de la Ville de Baugé, né le 2 juin 1863.

B. Marie-Gabriel de la Ville de Baugé, né le 28 juin 1836, a épousé en 1859 Louise-Aldegonde *de Lépine*, dont :

Georges de la Ville de Baugé, né en 1863 ; et Ferdinand de la Ville de Baugé, né en 1864.

XII. Georges-Camille, vicomte DE VÉLARD, né à Orléans le 11 avril 1813, lieutenant dans la légion étrangère au service du roi Charles V d'Espagne, en 1836 et 1837, commandant la 6ᵉ compagnie de cette légion, y reçut plusieurs blessures et fut nommé, le 30 novembre 1837, chevalier de Saint-Ferdinand d'Espagne de première classe.

Rentré en France après la capitulation de Maroto, il a épousé au château de Poiriers, en Berry, par contrat du 21 avril 1838, Aline-Casimire-Eugénie DE MONTBEL, fille mineure de Louis-Joseph, comte *de Montbel*, chevalier de la Légion-d'Honneur, ancien député et membre du conseil général du département de l'Indre, et de Marie-Aglaé-Tranquille *de Vassan*.

De ce mariage sont issus :

1° Amaury-Camille-Georges-Marie, qui suit :

2° René-Joseph-Marie *de Vélard*, né le 3 octobre 1842.

3° Louis-Marie-Maximilien *de Vélard*, né le 10 mars 1846.

4° Alexandre-Gaëtan-Marie-Méderic *de Vélard,* né le 12 janvier 1853.

5° Bruno-Marie-Pierre *de Vélard,* né le 6 mars 1855.

6° Berthe-Marie-Yvonne *de Vélard,* née le 2 décembre 1840, mariée à Orléans, le 10 juin 1864, à Amédée *du Hamel de Fougeroux de Denainvilliers,* fils d'Hippolyte du Hamel de Fougeroux de Denainvilliers et d'Amélie de Frédy. De ce mariage est né, à Denainvilliers, près de Pithiviers, le 7 juin 1865, Henri du Hamel de Fougeroux.

XIII. Amaury-Camille-Georges-Marie vicomte DE VÉLARD, né le 15 août 1839, l'un des volontaires dans les zouaves pontificaux en 1864, à épousé à Orléans le 31 janvier 1865, Alicie-Charlotte-Eugénie-Marie DE CORNULIER-LUCINIÈRE, fille unique d'Ernest-François-Paulin-Théodore, comte de Cornulier-Lucinière, et de Charlotte-Germaine-Néalie *de la Barre.* De ce mariage est née :

Anne-Marie-Charlotte-Georgette *de Vélard,* née à Orléans le 18 février 1867.

QUARTIERS DE VÉLARD.

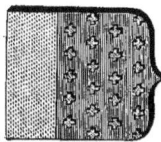

Gaspard de Vélard,
seig' de Châteauvieux
officier au régiment
de Champagne,
épousa en 1746.

Marie-Anne-Françoise
Boylet de Boissy.

François-César-Henri
Prouvansal de St-Hilaire
capitaine de vaisseau
ch" de St-Louis,
épousa en 1741.

Elisabeth Massum
de la Borde.

Louis-Charles
marquis de Hallot,
page de la reine,
épousa en 1746.

Anne-Marie-Madeleine
Brouilhet
de la Carrière.

André-Jérôme Egrot
seig' du Lude,
mousquetaire, ch"
de St-Louis,
épousa en 1767.

Thérèse-Henriette
de Goillons
de l'Espère.

Louis-Gaspard,
v'* de Vélard,
seig' de Châteauvieux,
ch" de St-Louis,
épousa en 1775.

Henriette Prouvansal
de St-Hilaire.

Louis-Joseph
m'* de Hallot,
seig' de Honville,
épousa en 1787.

Anne-Thérèse
Egrot du Lude.

Georges-Camille,
c'* de Vélard,
épousa en 1810.

Anne-Honorine
de Hallot.

Georges-Camille,
v'* de Vélard,
épousa en 1838
Aline-Louise-Eugénie
de Maubel.

René-François, cte de Montbel, maréchal-de-camp, sous-gouverneur des enfants de France, épousa en 1745

Antoinette-Gabrielle Parjonel.

Achille-Marc Barrin, mis de Fromenteau, maréchal-de-camp, épousa

Louise-Madeleine-Charlotte-Emilie de Pechpeirou-Com-minges de Guitau

Michel, mis de Vassan, seigr de Puiseux, officier aux gardes françaises, épousa en 1737

Marie-Louise Hubert de Corcy.

Louis-François Legendre, cte d'Osenbray, lieutenant-général, épousa

Marie-Aimée Le Mairat.

Jules-Gilbert, cte de Montbel, maréchal-de-camp, épousa en 1771

Marie-Marc-Charlotte de Barrin de Fromenteau.

Louis-Zacharie, mis de Vassan, seigr de Puiseux, mestre de camp de cavalerie, épousa en 1776

Marie-Louise-Françoise Legendre d'Osenbray.

Louis-Joseph, cte de Montbel, 1er gentilhomme ordre de Charles X, épousa en 1801

Marie-Aglaée-Tranquille de Vassan.

Aimée-Eugénie ...bel, c..Montbel, ...1838 Co..Camille, ...llard.

BRANCHE DE LOGÈRE.

V. François DE VELLARD, écuyer, second fils de Claude *de Vellar* et d'Anne *de Montcoquier*, seigneur de Logère, en la paroisse de Châtel-de-Neuvre, et de la Motte-Beaudéduit, dans la paroisse de Gouise, en Bourbonnais; rendit, le 23 juillet 1609, aveu et dénombrement de sa terre et seigneurie de Logère devant les commissaires députés par S. M. pour la réception des foi et hommages. Par acte du 16 octobre 1610, il transigea avec son frère aîné, Jean *de Vellar*, pour raison de ses droits dans la terre de Paudy. Contribua, le 30 mars 1620, pour sa part dans les frais de la députation envoyée en Cour par la noblesse du Bourbonnais pour la conservation de ses privilèges et pour affranchissement de la Gabelle. Reçut, en 1622, du comte de Charlus, lieutenant de Roi au gouvernement de Bourbonnais, deux missives pour se trouver avec la noblesse du pays à l'entrée de la Reine dans la ville de Moulins. Il mourut le 7 octobre 1637 et fut inhumé dans la chapelle de Saint-Laurent de l'église paroissiale de Châtel-de-Neuvre.

François de Vellard avait épousé, par contrat du 19 septembre 1594, Anne DE POINTET, dame de Logère, fille de feu Jean de Pointet, écuyer, seigneur de Logère, et de Madeleine *de Chevrier*.

De ce mariage vinrent :

1° Antoine *de Vellard,* qui suit ;

2° Anne *de Vellard,* mariée le 14 mars 1631 à Jean *Guillouet,* écuyer, seigneur de la Velatte et de Rocheton, sénéchal ordinaire de son Altesse Royale ; de la maison d'Orvilliers, qui a donné au dernier siècle un célère vice-amiral et cordon rouge, tous les deux vivaient en 1649.

3° Jeanne *de Vellard,* mariée dans la chapelle de Logère, le 12 février 1640, à Pierre *Tixier,* écuyer, seigneur du Cluzeau.

VI. Antoine DE VELLARD, écuyer, né le 19 mars 1607, seigneur de Logère et de la Motte-Beaudéduit ; reçut en 1630, du comte de la Palisse (Jean-François de la Guiche, seigneur de Saint-Géran, maréchal de France), une lettre par la quelle il lui mande de se tenir prêt pour aller à l'armée, et où il le traite de *son compagnon.* Il fut convoqué, le 12 octobre 1634, par le lieutenant général du Bourbonnais, pour se trouver, avec les autres gentilshommes de la province, à l'entrée que le seigneur de Saint-Géran devait faire en la ville de Moulins comme gouverneur du Bourbonnais. Servit volontairement, avec ses cousins germains, Gabriel et François *de Vellard*, durant les années 1635 et 1639, dans l'arrière-ban de Picardie et dans celui de Franche-Comté, commandés par le comte de Saint-Géran et par le baron de Bressolles. Fut taxé, le 15 mai 1635, pour payer sa part des frais d'un voyage fait en Cour par le syndic de la noblesse de Bourbonnais.

Par contrat du 10 septembre 1644, le curé et les habitants de la paroisse de Châtel-de-Neuvre reconnurent que les droits honorifiques de l'Église appartenaient au dit Antoine *de Vellard*, seigneur de Logère, et avaient de tout temps appartenu à ses prédécesseurs. Cette reconnaissance fut confirmée, le 22 octobre suivant, par une sentence de M. de Saint-Géran, gouverneur du Bourbonnais, qui lui attribue les dits droits honorifiques, attendu qu'il est le plus ancien gentilhomme de la paroisse.

Le 18 novembre 1644, le marquis de Lévy de Pouligny écrit au sieur de Logère de se trouver avec les autres gentilshommes du pays pour honorer son entrée dans la ville de Moulins. Le 26 octobre 1651, M. de Saint-Géran, gouverneur de la province, lui écrit encore de l'aller trouver avec la noblesse du pays pour s'opposer aux ennemis du Roi pendant le siège de Montrond.

Par ordonnance de M. d'Herbigny, intendant du Bourbonnais, en date du 9 avril 1667, Antoine de Vellard et ses quatre fils : Louis-Hercule, Louis-Jean, Jean-Philibert et Jean-François de Vellard, furent maintenus dans leur noblesse.

Antoine de Vellard mourut à son château de Logère au mois d'août 1668. Il avait épousé, par contrat du 1ᵉʳ février 1639, Elisabeth VERNOY, fille de noble Pierre Vernoy, contrôleur au grenier à sel de Moulins, et d'Isabelle *Masserat*.

De ce mariage vinrent au moins onze enfants :

1° Emilien *de Vellard*, né le 18 février 1641, mort avant 1667.

2° Louis *de Vellard*, né le 3 février 1642, mort avant 1667.

3° Jean *de Vellard*, né le 24 novembre 1643, mort avant 1667.

Ces trois fils aînés d'Antoine de Vellard avaient servi dans les armées du Roi, suivant les certificats qui leur en furent délivrés les 20 novembre 1662, 1ᵉʳ août 1663, 24 mai 1664 et 22 novembre 1665. Tous les trois paraissent avoir péri à la guerre.

4° Louis-Hercule *de Vellard*, né en 1644, vivait gendarme dans la compagnie du Dauphin en 1667.

5° Louis-Jean *de Vellard*, né en 1645, vivait aussi en 1667.

Un de ces deux frères, désigné sous le seul nom de *Louis*, et qualifié écuyer, seigneur de la Motte, mourut le 16 avril 1689.

6° Jean-Philibert *de Vellard,* né en 1648, seigneur de Logère, était aussi gendarme dans la compagnie du Dauphin en 1667. Il mourut sans postérité avant 1700, laissant pour héritière sa sœur, Eloyte de Vellard, non mariée, qui, en cette année, rendit aveu au Roi pour les fiefs de Logère et de la Grange-Bayeux, en la paroisse de Châtel-de-Neuvre, sous la châtellenie de Verneuil.

7° Jean-François *de Vellard,* né le 18 septembre 1652, vivait en 1667.

8° Françoise *de Vellard,* née le 15 août 1645.

9° Eloyte *de Vellard,* née en 1646, non mariée, restée héritière de Logère en 1700, morte le 24 mai 1716.

10° Elisabeth *de Vellard,* née le 27 février 1647, morte à Logère le 28 mai 1698, non mariée.

11° Geneviève *de Vellard,* née le 5 décembre 1649, morte le 11 mars 1720, parait avoir été la dernière de cette branche.

BRANCHE DE MONTIFAULT.

V. Charles DE VELLARD, écuyer, troisième fils de Claude *de Vellar* et d'*Anne de Montcoquier*, seigneur de Montifault, dans la paroisse de Meillers, et de la Brenne, dans la paroisse de Veurdre, en Bourbonnais, avait épousé une sœur de la femme de son frère François, et tous les deux habitaient ensemble le château de Logère.

Une sentence arbitrale, du 20 avril 1607, condamne Jean *de Vellar*, seigneur des Salles, à délaisser les deux cinquièmes de la terre de Paudy, non compris le droit d'aînesse, à François de Vellard, seigneur de Logère et à Charles de Vellard, seigneur de Montifault, ses frères cadets : Charles de Vellard, agissant comme garde noble de ses enfants issus de feue Philippe de Pointet, sa femme. Par une transaction du 5 avril 1610, le dit Charles de Vellard abandonna à son frère, Jean

3

de Vellard, tous les droits qu'il pouvait avoir dans la terre de Paudy.

Charles de Vellard mourut le 3 avril 1629. Il avait été marié deux fois ; en premières noces, par contrat du 8 juin 1598, avec Philippe DE POINTET, fille de Jean de Pointet, écuyer, seigneur de Logère, et de Madeleine *de Chevrier*. En secondes noces, par contrat du 14 juillet 1608, avec Louise DE BAR, née le 12 août 1580, fille d'Antoine de Bar, chevalier, seigneur de Buramlure, Villemenard, Thibeau, Ligny, Vinon, etc., et de Madeleine *de Babute*, sa seconde femme.

Du 1er lit vinrent :

1° Gabriel *de Vellard*, mort le 8 avril 1625.

2° Autre Gabriel *de Vellard,* qui suit.

3° François *de Vellard*, auteur de la BRANCHE DE MONT-VICQ, qui suit.

Du 2e lit, vinrent :

4° Jean *de Vellard*, auteur de la BRANCHE DE MARTILLY, qui suivra.

5° Bérard *de Vellard*, né le 20 mars 1615.

6° Pierre *de Vellard*, né le 29 mai 1620, dont on ignore la destinée.

VI. Gabriel DE VELLARD, écuyer, né à Saint-Germain-d'Entrevaux le 28 mars 1604, seigneur de Montifault et de la Brenne; reçut de 1619 à 1650 six lettres des lieutenants de Roi en Bourbonnais et juges de la châtellenie de Verneuil, pour, en qualité de gentilhomme, aller en équipage au devant du Roi et des gouverneurs et lieutenants de Roi en cette province. Le 21 juin 1630, il partagea les successions de ses père et mère avec François de Vellard, son frère cadet, et eut pour préciput et droit d'aînesse une maison seigneuriale, avec cens et rentes, située dans la ville de saint Pourçain en Auvergne. Reçut cinq certificats des années 1630, 1636, 1639, 1655 et 1656 des services qu'il avait rendus dans les armées du Roi, par lesquels il paraît entre autres qu'il avait perdu un œil en Italie, en 1636, d'un coup de mousquetade.

Gabriel de Vellard était veuf lorsqu'il fut maintenu dans sa noblesse avec Gilbert et Louis de Vellard, ses deux fils, par ordonnance de M. d'Herbigny, intendant de Moulins, en date du 9 avril 1667.

Il avait épousé, par contrat du 29 juillet 1646, Jeanne DE CHANTELOT, fille de Jean de Chantelot, écuyer, seigneur des Gordes, Saint-Georges et Longeville, et de Jeanne *de Gousole*.

De ce mariage vinrent :

1° Gilbert *de Vellard*, écuyer, né au mois d'août 1647, seigneur de Montifault et de la Brenne, vivait en 1680.

2° Louis-François *de Vellard*, écuyer, né en 1650, seigneur de Varaine, maintenu dans sa noblesse avec son frère aîné en 1667, rendit aveu au Roi, en 1686, pour le fief de Fontviolant, dans la paroisse de Bellenave, sous la Châtellenie de Chantelle en Bourbonnais.

3° Claude-Gilbert *de Vellard*, né le 18 juillet 1657, mort avant 1667.

4° Louis *de Vellard*, né le 6 octobre 1658, mort avant 1667.

5° Louise *de Vellard,* née le 14 février 1649.

6° Aimée *de Vellard*, née le 14 juin 1650.

7° Anne *de Vellard,* née le 28 mai 1651.

8° Isabelle *de Vellard,* née le 18 mars 1653, vivait en 1673.

9° Marie *de Vellard*, née le 17 juillet 1654.

10° Marguerite *de Vellard,* née le 28 février 1656.

On ignore comment cette branche a fini, mais elle n'existe plus depuis longtemps en Bourbonnais.

BRANCHE DE MONTVICQ.

VI. François DE VELLARD, écuyer, second fils de Charles *de Vellard*, seigneur de Montifault, et de Philippe *de Pointet*, né en 1607, seigneur de la Brenne et de Montvicq, partagea avec son frère aîné le 21 juin 1630.

Il fut maintenu, le 12 août 1634, par sentence des officiers de l'élection de Montluçon, avec le consentement du procureur du Roi, dans la jouissance des priviléges attribués à la noblesse. Il fut aussi compris dans la maintenue de noblesse prononcée pour les autres membres de sa famille, le 9 avril 1667, par M. d'Herbilly, intendant de Moulins, avec ses deux fils, François et Jean de Vellard.

Il était chevau-léger de la garde du Roi en 1635, et reçut, en 1656, un certificat de M. de Créquy pour les services qu'il avait rendus dans l'armée de S. M. avec son frère aîné, Gabriel de Vellard.

François de Vellard épousa, par contrat du 3 février 1636, Marie DE SAINT-MARTIN, fille de Gautier de Saint-Martin, écuyer, seigneur de Monin, et de Louise *de Saint-Hirier*, autrement *de Saint-Yrier*. dame de Montvicq, en Bourbonnais.

De ce mariage vinrent :

1° Toussaint *de Vellard,* né le 5 janvier 1640, mort avant 1667 ;

2° François *de Vellard*, qui suit ;

3° Pierre *de Vellard,* né le 7 décembre 1645, mort avant 1667.

4° Jean *de Vellard*, né en 1646, servait en 1667, avec son frère François, dans la compagnie du capitaine de Paudy, leur cousin.

VII. François DE VELLARD, écuyer, né en 1642, seigneur de Montvicq, homme d'armes dans la compagnie du capitaine de Paudy, épousa Anne DE LA ROQUE qui, étant veuve, fit enregistrer les armes de son défunt mari dans l'armorial de la généralité de Moulins, en 1698, mais avec une faute dans les émaux ; car les croisettes sont dites *d'argent.*

De ce mariage vinrent :

1° Louis *de Vellard,* né le 13 février 1673.

2° Gilbert *de Vellard,* né le 11 mars 1674 ;

3° Autre Louis *de Vellard,* né le 26 février 1679.

On ignore le sort de ces enfants, mais leur postérité n'existe plus depuis longtemps en Bourbonnais.

Jean *de Vellard*, né en 1646, parait être le père
de Louis-Pierre DE VELLARD, écuyer, qui épousa en
premières noces Caroline *de Chalus* ; et en secondes
noces, au mois de février 1694, Marguerite *de Celle*,
veuve de François de la Tour, écuyer.

Ce doit être de cette branche que sont sortis les
Vélard, établis au dernier siècle en Italie et en
Espagne. A ces derniers appartenait le lieutenant-
général VÉLARDE, qui s'est fait un nom dans l'histoire, en sauvant avec une rare énergie le parc d'artillerie de Madrid, lors de l'invasion de l'Espagne
par Napoléon Ier. Les VELARDI existaient encore
dans le Milanais au commencement de ce siècle.

BRANCHE DE MARTILLY.

VI. Jean DE VELLARD, chevalier, fils de Charles *de Vellard*, seigneur de Montifault, et de Louise *de Bar*, sa seconde femme, est qualifié dès le 28 mai 1651 de seigneur de Martilly, Vinon et autres places, dans l'acte de baptême d'Anne de Vellard de Montifault, dont il était le parrain, à Châtel-de-Neuvre. Il n'a pas été compris dans la réformation de la noblesse, faite en 1667, avec les autres membres de sa famille ; peut-être n'existait-il plus déjà à cette époque, dans tous les cas il était mort avant 1669. Il avait épousé Antoinette FRADEL, dont il eut :

VII. Jean Claude DE VELLARD, chevalier, seigneur de Martilly, qui est dit fils de Jean dans les aveux qu'il rendit au Roi en 1669 et en 1700 pour la terre et seigneurie de Martilly et la dîme de la Roche, dans les paroisses de Bransat et de Martilly, élection

de Gannat, sous le domaine de Riom, en Auvergne.
Il mourut en 1717 et avait épousé Etiennette Bardon,
dont il eut :

1° Jean-François *de Vellard,*, né en 1680, mort sans
postérité avant son père ;

2° Marie-Jeanne *de Vellard,* mariée avec Annet-Joseph
Forgeron, bailli de Saint-Pourçain en Auvergne, était
héritiére de Jean-Claude de Vellard en 1717, quand
elle rendit aveu au Roi de la terre de Martilly ;

3° Catherine *de Vellard* de Martilly, morte à Bayet (paroisse actuelle de Martilly), le 1er avril 1766, âgée de
84 ans.

ARBRE GÉNÉALOGIQUE
de la
MAISON DE VÉLARD.

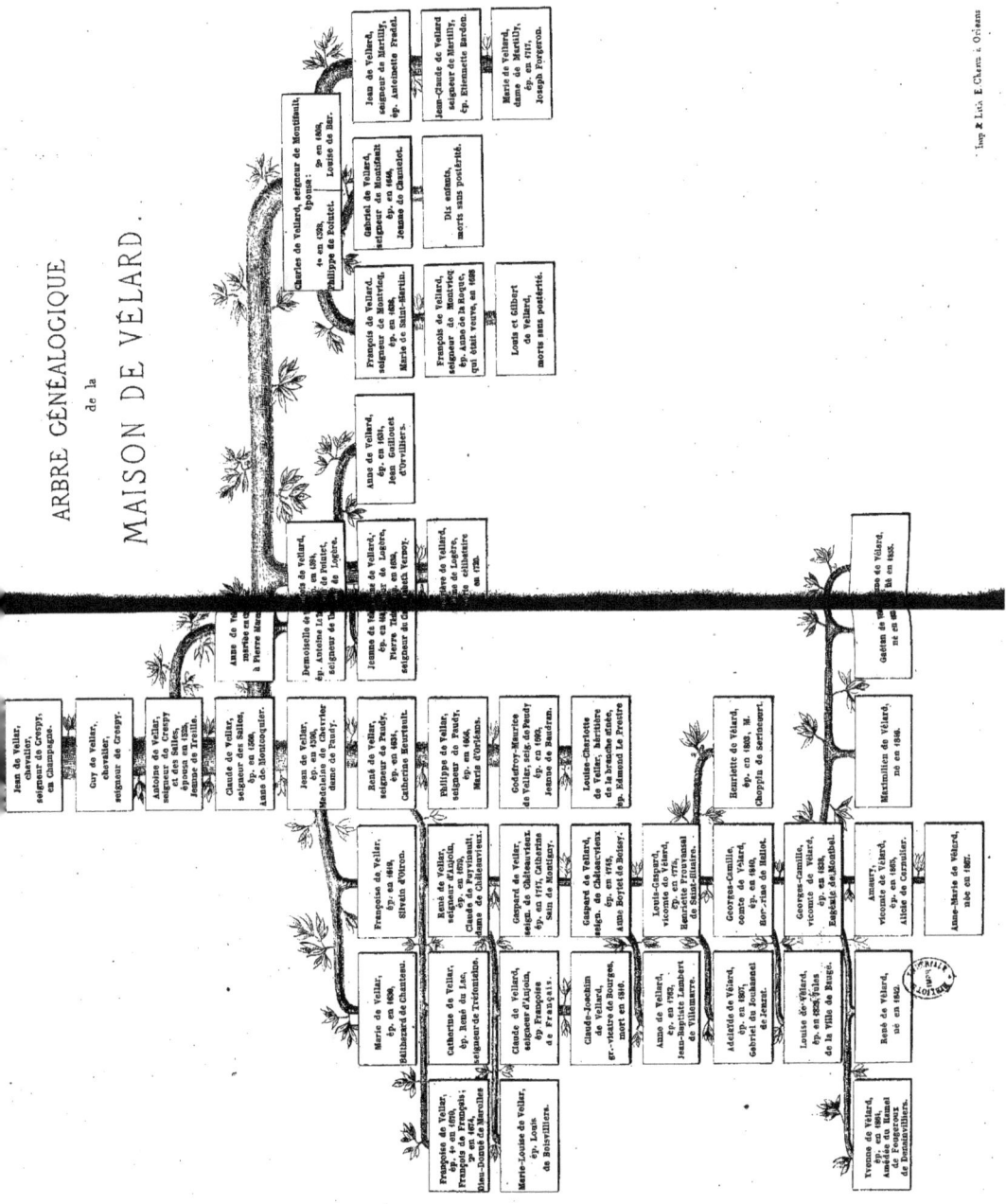

Jean de Vellar, chevalier, seigneur de Crespy, en Champagne.

Guy de Vellar, chevalier, seigneur de Crespy.

Antoine de Vellar, seigneur de Crespy et des Salles, épousa en 1339, Jeanne de Treille.

Claude de Vellar, seigneur des Salles, ép. en 1368, Anne de Montmoquier.

Jean de Vellar, ép. en 1390, Madeleine de Chevrier dame de Pandy.

René de Vellar, seigneur de Pandy, ép. en 1421, Catherine Maurinth.

Philippe de Vellar, seigneur de Pandy, ép. en 1456, Marie d'Orléans.

Godefroy-Maurice de Vellar, seig. de Pandy ép. en 1489, Jeanne de Baudran.

Louise-Charlotte de Vellar, héritière de la branche aînée, ép. Edmond Le Prestre.

Marie de Vellar, ép. en 1658, Balthazard de Chanteau.

Catherine de Vellar, ép. René du Lac, seigneur de Trémoulton.

Claude de Vellar, seigneur d'Anjou, ép. Françoise de François.

Claude-Joachim de Vellard, mort en 1840.

Anne de Vellard, ép. en 1782, Jean-Baptiste Lambert de Villenuerre.

Adélaïde de Vélard, ép. en 1821, Gabriel de Jouhannel de Jauzat.

Louise de Vélard, ép. en 1849, Jules de la Ville de Baugé.

René de Vélard, né en 1802.

Françoise de Vellar, ép. en 1624, Silvain d'Otron.

Françoise de Vellar, ép. en 1680, François de François; 2e en 4674, Rine-Dame de Merolles.

Marie-Louise de Vellar, ép. Louis du Boisvilliers.

Françoise de Vellar, ép. en 1691, Amédée du Hamal de Fougeroux de Donnainvilliers.

Yvonne de Vélard, ép. en 1881.

Henriette de Vélard, ép. en 1693, M. Choppin de Serissquert.

Georges-Camille, comte de Vélard, ép. en 1849, Rov.-rine de Mallot.

Louis-Gaspard, vicomte de Vélard, ép. en 1773, Henriette Provrunsal de Saint-Hilaire.

Gaspard de Vellard, seign. de Châteauvieux, ép. en 1717, Catherine Soin de Montizny.

Gaspard de Vellard, seign. de Châteauvieux, ép. en 1745, Anne Boytet de Belder.

Georges-Camille, vicomte de Vélard, ép. en 1883, Eugénie de Monthel.

Amaury, vicomte de Vélard, ép. en 1880, Aline de Cormaiter.

Anne-Marie de Vélard, née en 1887.

Maximilien de Vélard, né en 1846.

Gaston de Vélard, né en 1855.

Charles de Vellard, seigneur de Montfault, épousa: 1e en 1626, Philippe de Pointel; 2e en 1636, Louise du Bar.

Anne de Vellard, mariée en 1617 à Pierre Marc.

Demoiselle de Vellard, ép. Antoine Lhuillier, seigneur de Tournoy.

Jeanne de Vellard, ép. en 1634, Pierre Izbart, seigneur de ...

Autre de Vellard, dame de Logère, morte célibataire en 1762.

Anne de Vellard, ép. en 1631, Jean Guillouet d'Orvilliers.

François de Vellard, seigneur de Montrieng, ép. en 1636, Marie de Saint-Martin.

François de Vellard, seigneur de Montrieng, qui était veuve, en 1688.

Louis et Gilbert de Vellard, morts sans postérité.

Gabriel de Vellard, seigneur de Montfault, ép. en 1640, Jeanne de Chantelot.

Dix enfants, morts sans postérité.

Jean de Vellard, seigneur de Martilly, ép. en 1662, Antoinette Fredel.

Jean-Claude de Vellard seigneur de Martilly, ép. Etiennette Bardon.

Marie de Vellard, dame de Martilly, ép. Joseph Forgeron.

Imp. E Lith. E. Chenu à Orléans

PREUVES.

ORIGINE.

De l'an 1395, quittance de Gilles Duremzengue, conseiller
du Duc de Bourgogne, à Jehan *Velart*, receveur du Rhételois.
(Original sur parchemin.)

Sachent tuit que je Jehan Goulet, écuyer, seigneur de Père
et châtelain du chastel de Rethest, cognoit avoir eu et reçu de
Jehan *Velard,* receveur du domaine de Monseigneur de Bourgogne au comté de Rethest, pour cause de mes gaiges de ladite
châtellenie, pour un an commençant à la Saint-Jean 1400,
exclus, et finis à la Saint-Jean 1401, inclus, la somme de
60 livres parisis, de laquelle somme de 60 livres parisis, et
pour ledit an, je me tiens pour content et bien payé et en quitte
ledit receveur et tous autres à qui quittance en appartient,
Donné sous mon scel, le pénultième jour de juillet, l'an 1401.
(Original sur parchemin.)

Nota. Rethest est l'ancien nom de Rhetel sur l'Aisne, capitale
du Rhételois, un des sept comtés-pairies de Champagne.

Jeanne de Rhetel, héritière de ce comté, épousa en 1349,
Louis, comte de Flandre. Marguerite, comtesse de Flandre,

d'Artois et de Rhetel, épousa en 1369 Philippe de France, sur_
nommé *le Hardi*, quatrième fils du roi Jean-le-Bon, né en
1341, mort en 1404, duc de Bourgogne, comte de Flandre,
d'Artois, de Nevers, de Rhetel, d'Etampes, etc., gouverneur
de Picardie et de Normandie. C'est lui qui est désigné sous le
nom de Monseigneur de Bourgogne dans les deux quittances
ci-dessus.

Rôle de la compagnie des gardes-françaises de Monseigneur,
frère du Roi, étant sous la charge et conduite du sieur de Rodes,
du nombre de 71 hommes ; la personne dudit sieur de Roddes,
celles de ses lieutenants et enseignes y comprises, ensemble
celle du trompette et archers de ladite compagnie qui ont ac-
tuellement servi Monseigneur durant le quartier de janvier
1576 et auxquels paiement a été fait, etc ....
à Jacques *de Velar,* sieur de la Tour, archer desdites gardes,
la somme de 81 livres 12 sous 6 deniers parisis, pour ses gages
durant ledit quartier de janvier..........

      (Original sur parchemin.)

Rôle de la montre et revue faite en la ville et château de
Nogent-le-Roi, le 24 février 1593, d'une compagnie de six-
vingt hommes de guerre à pied français étant en garnison pour
le service du Roi en ladite ville et château de Nogent-le-Roi,
sous la charge et conduite du sieur des Landes, leur capitaine, etc...

Valentin de Bricault, écuyer, sieur des Landes, capitaine.

Philippe Geoffroy, sieur de Saint-Laurent, lieutenant.

Samuel de Bricault, enseigne.

David *de Velard,* premier nommé après les officiers.

      (Original sur parchemin.)

BRANCHE AINÉE.

Iᵉʳ et IIᵉ DEGRÉS.

Voir l'Extrait de Proust de Chambourg au VIIᵉ degré de la branche aînée.

IIIᵉ DEGRÉ.

Du 9 mai 1529, un rapport de Jean Adam et Claude Le Sain, notaires à Vassy, en Champagne, acte par lequel Antoine *de Vellar,* écuyer, seigneur des Borbes, et demoiselle Jeanne *Treille,* sa femme, échangent la seigneurie de Crespy, en Champagne, qu'ils avaient acquise d'Antoine d'Antigni, avec Jean de la Haye, écuyer, sieur du Creil-sur-Marne, et demoiselle Hélène de Betancourt, sa femme, pour les seigneuries des Salles et de Tours-de-Meilliers, sous la châtellenie de Souvigny, en Bourbonnais.

Du 16 mai 1534, acte d'assemblée de la noblesse du Bourbonnais, convoquée pour le ban par devant M. le Sénéchal du

Bourbonnais, où Antoine *de Vellar* est passé en montre avec
les autres gentilshommes du pays et est qualifié *écuyer* ; et où
il offre à Archambaud de Villars, chevalier, seigneur du Plex,
commis par le Roi à faire la revue du ban et de l'arrière ban
dudit duché, de faire le service qu'il doit à cause de la seigneurie des Salles, mouvante de la châtellenie de Bourbon, et
de la seigneurie des Bourbes, mouvante de la châtellenie de
Billy. Cet acte signé Petot, greffier à Moulins.

TREILLE.

Jeanne Treille était sans doute fille de Louis Treille, habitant
de Saint-Pourçain et élu d'Auvergne, qui rendit au Roi trois
aveux, de 1490 à 1505, pour sa terre et seigneurie de la Motte-
de-Sauzet, en la paroisse de Saint-Didier, sous la châtellenie
de Billy, en Bourbonnais. (*Noms féodaux*, par l'abbé de Beten-
court, de l'académie des inscriptions et belles lettres.)

Et ce Louis pouvait descendre d'Uldin de Trel ou de Treil,
damoiseau, fils de feu Pierre de Trel, chevalier, qui partagea
en 1266 avec Bernard de Trel, son frère, des biens situés près
de Clermont et de Montferrand (*ibid.*)

LALLIER.

Il existe deux familles de ce nom ; l'une à laquelle appartenait
René *Lallier*, seigneur du Saint-Lieu, maréchal-de-camp,
gouverneur des ville et château du Crotoy, demeurant à Soup-
plaincourt, dans le baillage d'Amiens, et qui fut maintenu en
Soissonnais en 1667, portait: *de gueules à trois alérions d'argent.*
L'autre, originaire de Saint-Quentin, sieur de Blancmont et du
Fayet, maintenu en Picardie en 1667, sur preuves remontées
à 1550, portait : *d'azur à un allier (chêne) d'or, au chef de
gueules chargé de trois besants d'or.*

IVᵉ DEGRÉ.

Du 15 septembre 1540, acte de foi et hommage fait par Hugues de Mondoucet (second mari de Jeanne *Treille*), en qualité de tuteur de François et de Claude *de Vellar*, écuyers, et d'Anne *de Vellar*, damoiselle, enfants mineurs d'Antoine *de Vellar*, écuyer, et de damoiselle Jeanne *Treille*.

Du 2 avril 1547, au rapport de Peraton et Mandat, notaires à la Palice, contrat de mariage de damoiselle Anne *de Vellar*, fille de Jeanne Treille et sœur de François et de Claude *de Vellar*, écuyers, avec Pierre Mareschal.

La famille MARESCHAL, d'ancienne chevalerie et grandement possessionnée en Bourbonnais depuis l'an 1300, remonte par filiation suivie à Guillaume Mareschal, damoiseau, seigneur de Cressanges, qui testa en 1348. Elle portait anciennement *d'or à trois étoiles de sable;* ce sont là les armes que lui attribue Guillaume Revel, dit *Auvergne,* héraut d'armes du roi Charles VII. Depuis, elle a modifié son écusson et porte : *d'or à trois tourteaux d'azur bordés de sable, chargés chacun d'une étoile d'argent.*

Pierre Mareschal, qui épousa en 1547 Anne *de Vellar* paraît être fils de Pierre Mareschal, seigneur de Fourchault et de La Fin, écuyer et maître d'hôtel ordinaire d'Anne de France, duchesse de Bourbonnais, de 1505 à 1515.

Jean HARÉ ou HAREL, qui fut le second mari d'Anne *de Vellar,* pourrait être le fils de Nicolas Harel, seigneur de Brossart, officier de la maison du Duc et de la Duchesse de Bourbonnais de 1494 à 1512. *(Noms féodaux.)*

Du 3 avril 1557, acte de partage, au rapport de Merandat, notaire à La Palice, entre François et Claude *de Vellar*, écuyers, enfants d'Antoine *de Vellar* et de Jeanne Treille; par lequel il paraît que François *de Vellar*, aîné, a eu le préciput et droit d'aînesse. Signé, pour expédition, de la Brosse.

Du 16 octobre 1557, au rapport de Paraton, notaire, à la Palice, acte par lequel François de *Vellar*, écuyer, déclare en présence de Hugues de Mondoucet, son beau-père, écuyer, seigneur des Salles, capitaine de Montaigu-le-Belin, maître d'hôtel ordinaire de madame de la Palice, et tuteur de Claude *de Vellar*, son frère et d'Anne *de Vellar*, sa sœur, qu'il prend le fief des Borbes, en Bourbonnais, pour son préciput noble, comme fils aîné de feu Antoine *de Vellar*, écuyer, et de damoiselle Jeanne Treille, sa femme.

Du 16 février 1560, en rapport de Blain, notaire de la seigneurie de Moncoquier, contrat de mariage de Claude *de Vellar*, écuyer, seigneur des Salles, demeurant dans la paroisse de Melliers, avec damoiselle Anne *de Moncoquier,* fille de feu messire Claude de Moncoquier, chevalier, seigneur de Moncoquier, et de dame Louise de Larguin. La future assistée de Renaut de Moncoquier, son frère, écuyer, demeurant au Château de Moncoquier, paroisse de Monestay-sur-Allier.

La dot est de mille livres, dont le tiers devra être employé en meubles et les autres deux tiers en héritages que Claude *de Velars*, assigne sur la cour, métairie et domaine de Melliers, nommé Montifaut, de la même manière qu'il l'avait eu en partage avec feu François *de Vellars*, son frère.

En présence de Pierre de Moncoquier, écuyer, maréchal de la compagnie du comte de Villars; de François de Moncoquier, écuyer; de Hugues de Mondoucet, écuyer, chevalier des Borbes; et d'Archambaud de Murat, écuyer, seigneur d'Issart.

Du 24 juin 1560, transaction passée entre Claude *de Vellar*, écuyer, et Antoine de Varière, écuyer, seigneur de la Salle, au sujet des droits honorifiques en l'église de Meilliers, par laquelle lesdites prééminences ont été adjugées audit Claude *de Vellar*. Au rapport de Petit-Jean et Bonnefont, notaires royaux.

Du 1ᵉʳ juin (l'année omise), sentence du présidial de Moulins entre Claude *de Vellar*, écuyer, et Thomas de Vichy. Signé : Carré, greffier.

Du 7 novembre 1561, transaction entre Claude *de Velard*, écuyer, seigneur des Salles, d'une part ; et Jean Haré et damoiselle Anne *de Velard*, sa femme, d'autre part.

Du 26 novembre 1566, lettres royaux obtenus par Claude *de Vélard*, écuyer, et damoiselle Anne de Monquoquier, sa femme. Signés, par le conseil, Dasne.

Du 1ᵉʳ avril 1568, sentence de la sénéchaussée du Bourbonnais rendue, entre Claude *de Vélard*, écuyer, et dame Anne de Monquoquier, sa femme, d'une part : contre Regnault de Montquoquier, d'autre part.

Du 10 juin 1568, procuration donnée par Claude *de Velard*, écuyer, et Anne de Monquoquier, sa femme. Au rapport de Pinet, notaire.

Du 21 mai 1574, sentence de la Châtellenie de Verneuil en Bourbonnais, rendue au profit de Claude *de Vélard*, écuyer, contre Blaise de la Souche, aussi écuyer, seigneur de Noyant. Signé : Campère, greffier.

Du 27 juin 1575, procès-verbal de descente faite par le Châtelain de Verneuil, où ledit Antoine *de Vellard* est qualifié écuyer. Signé : Belin, greffier.

Expédition des décimes des commissaires de Notre- Saint- Père le Pape et de Sa Majesté, en date du mois de juillet 1577 ; signée : Foucaud, Miraudet et Letorier ; au bas de laquelle est une quittance signée : Allard, où ledit Claude *de Vellard* est qualifié écuyer.

Du 13 octobre 1581, sentence de la Châtellenie de Verneuil donnée entre François de Monquoquier ; Claude *de Vélard*, écuyer ; Blaise de la Souche et Martin Chevallier. Signée : Gaultier, greffier.

Du 2 août 1585, sentence de la Châtellenie de Souvigny, en Bourbonnais, rendue au profit de Claude *de Vellard*, écuyer. Signée : Aujohannet, greffier.

Du 14 janvier 1592, au rapport de Présent, notaire, procuration donnée par Claude *de Velard,* écuyer.

Du 24 septembre 1594, sentence du Présidial de Moulins, rendue au profit de Claude *de Velard,* écuyer.

Du 22 avril 1600, obligation de la somme de 25 écus, consentie par Claude *de Vellard,* écuyer, seigneur des Salles, et François *de Vellard,* écuyer, seigneur de Logère, son fils, au profit d'Antoine Le Tailleur, écuyer, seigneur de Thonnin. Au rapport de Perron, notaire.

Du 7 janvier 1605, compromis passé entre lesdits sieurs des Salles et François *de Vellard,* écuyers. Au rapport de Bretére, notaire.

Du 20 février 1607, autre sentence du présidial de Moulins donnée entre Claude *de Velard,* écuyer, et Claude de Rolland, aussi écuyer. Signé : Baroncour, greffier.

Des 7 mars 1607 et 9 juillet 1608, deux sentences de la Châtellenie de Bourbon, où ledit Claude *de Vellard* est qualifié écuyer. Signées : Gaulmet, greffier.

Deux testaments en date des 21 novembre 1608 et 28 juillet 1609, rapportés par Flacon, notaire, dans lesquels ledit Claude *de Velard* est qualifié écuyer.

Une procuration du 28 juillet 1609, passée par le même Flacon, notaire royal, où ledit Claude *de Velard* est encore qualifié écuyer.

MONTCOQUIER.

La terre et seigneurie de Montcoquier, nommée aussi Montquanquier (*montis quaquerii* dans les titres en latin) est située dans la paroisse de Monestay-sur-Allier, sous la Châtellenie de Verneuil en Bourbonnais.

En 1300, la veuve de Galet *de Monquanquier,* alors remariée avec Hugues du Bet, damoiseau, jouissait de cette terre à titre de douaïre de son premier mari. (*Noms féodaux,* vᵉ Bet).

En 1366, cette terre appartenait à Isabelle de Montfan (*de Montefano*), d'une maison voisine de Saint-Pourçain, femme de Jean du Colombier, damoiseau. En 1455, Montcoquier appartenait à Pierre du Colombier. (*Noms féodaux,* vᵉ Colombier).

En 1453, noble homme Pierre de Beaulieu, dit du Colombier, écuyer d'écurie du Roi, seigneur de Montcoquier et d'Onoys, rendit aveu de son château fort d'Asarys-sur-Yonne (Arcy ?),

avec ses fossés et autres appartenances et autres justices, fiefs
et seigneuries, le tout mouvant du Châtel de Saint-Vérin.
(Inventaire des titres de la maison de Nevers, par l'abbé de
Marolles, ms. de la Bib. Imp., t. 1er, p. 649). Il est probable -
que c'est cette famille de *Beaulieu*, dite du *Colombier*, qui
adopta définitivement le nom de *Montcoquier*.

I. Jean *de Montcoquier*, écuyer, seigneur dudit lieu, com-
parut le 23 juillet 1493 pour la rédaction des coutumes de la
Châtellenie de Verneuil en Bourbonnais. Il épousa (*d'Hozier,*
Généalogie d'Amanzé) Marguerite de Poullinet, dont il eut :

II. Claude *de Montcoquier*, chevalier, seigneur de Montcoquier et des Foucauds, dans la paroisse de Chemilly près de
Moulins en Bourbonnais ; comparut en personne, comme
seigneur des Foucauds, le 18 mars 1520, lors de la rédaction
des nouvelles coutumes du pays et duché de Bourbonnais. Servit,
selon Proust de Chambourg (*Généal. de la maison d'Orléans*,
publiée en 1684), en qualité de maréchal-de-camp, sous François, duc de Guise, et fut chevalier de l'ordre de Roi. Il mourut
avant 1560 et avait épousé Louise *de Larguin*, dont il eut :

1° Regnault *de Montcoquier*, vivait en 1560, mais mourut
sans postérité avant 1581.

2° Pierre *de Montcoquier*, était maréchal de la compagnie du
comte de Villars en 1560.

3° François *de Montcoquier*, qui suit.

4° André *de Montcoquier*, vivait en 1586.

5° Jeanne *de Montcoquier*, mariée par contrat du 9 novembre
1559 avec Jean du Bellay, écuyer, seigneur de Drouilly.

6° Anne *de Montcoquier*, mariée le 16 février 1560 à Claude
de Vellar, comme on l'a dit.

III. François *de Montcoquier,* chevalier, seigneur de Montcoquier et des Foucauds, chevalier de l'ordre de Roi, épousa
par contrat du 13 août 1595, Esther d'Amanzé, fille de Pierre,
baron d'Amanzé, chevalier, et d'Antoinette de Coligny, dite
de Saligny, cousine au troisième degré de l'amiral de Coligny
et du cardinal de Châtillon. De ce mariage ne sortit qu'une
fille :

IV. Gilberte *de Montcoquier*, dernière de son nom et héritière
de sa maison, mariée en 1612 à Etienne de la Souche, chevalier,
seigneur de la Souche, Saint-Augustin, Pravier, etc., et de
Gilberte-Jeanne de Bellenave, tous les deux de familles bour-
bonnaises. Lors de son contrat de mariage, en 1595, François
de Montcoquier, qualifié de *noble seigneur, Messire,* était assisté
de : noble Archambaud des Gouttes, écuyer, seigneur de
Souspèze et du Deffend ; du noble Lionnet des Gouttes, son
frère, écuyer, seigneur du Peage ; de noble François de Mont-
journal, écuyer, seigneur du Vergier, etc., qui, sans doute,
étaient ses plus proches parents en Bourbonnais.

Montcoquier porte : *de sable à trois fleurs de lis d'or ; au chef
ondé et abaissé* (c'est-à-dire surmonté de sable), *aussi d'or.*

LARGUIN.

Selon Proust de Chambourg *(généal. d'Orléans),* Louise *de
Larguin* était issue, par les femmes, des comtes de Tournon.
Cette famille de Larguin paraît être champenoise, du moins elle
était établie en Champagne en 1605 ; c'est ce qui résulte de la
généalogie suivante de l'une des branches de la grande maison
du Bellay, branche omise à dessein par Moreri dans son *dictionnaire historique.*

I. François *du Bellay*, écuyer, seigneur de Drouilly en Vendômois, épousa, par contrat du 7 septembre 1520, passé par Fromont et Rameré, notaires à Vaucouleurs, Antoinette de Ballenne dont il eut six enfants qui partagèrent leurs successions le 22 août 1559, l'aîné fut :

II. Jean *du Bellay*, écuyer, sieur de Drouilly, épousa, par contrat du 9 novembre 1559, Jeanne *de Montcoquier*, dont il eut cinq enfants qui partagèrent le 22 mars 1589.

III. Claude *du Bellay*, sieur de Drouilly, épousa, par contrat du 14 juin 1605, passé devant Vidury, notaire à *Châlons-sur-Marne*, Marguerite *de Larguin*, qui était sa veuve en 1634. De ce mariage vint :

IV. Claude *du Bellay*, écuyer, sieur de Drouilly, né en 1612, qui se fit reconnaître par sentence des requêtes du Palais, du 9 septembre 1658, rendue contradictoirement avec Charles du Bellay, prince d'Yvetot, pour être de la maison du Bellay. (*Généalogie, ms du chanoine Hubert,* t. VI).

LE TAILLEUR.

Geoffroy *Le Tailleur*, licencié-ès-lois, était seigneur du Thonnin, sous la chatellenie de Moulins en 1506 et 1510.

Du 24 avril 1642, nomination de Louis Bournier, chanoine, à la chapellenie de St-Jean, du faubourg de Paris, de la ville de Moulins, par Antoine *de Vellar,* écuyer, sieur de Logère, et Gabriel *de Vellard,* sieur de Montifault, comme tuteur et curateur des enfants du feu Jean Le Tailleur, écuyer, sieur Plasmont.

La principale résidence de cette famille était dans la paroisse de Gennetines, où ses armes se voient dans un vitrail de l'église de la fin du XVIᵉ siècle. Elle portait : *d'argent, à la croix de Lorraine de sable, surmontée de trois merlettes de même rangées en chef.*

Joseph *Le Tailleur,* sieur du Thonnin, écuyer, fils de feu Antoine *Le Tailleur,* sieur du Thonnin, écuyer, rend aveu au Roi en 1688 et en 1722 pour sa terre et seigneurie de la Presle, en la paroisse de St-Martin-de-Bellenave, sous la Châtellenie de Chantelle en Bourbonnais.

Vᵉ DEGRÉ.

Du 14 juillet 1596, au rapport de Duchesne, notaire à Paudy près Issoudun, contrat de mariage de Jean *de Vellar,* écuyer, fils aîné de noble homme Claude *de Vellars,* écuyer, seigneur des Salles, paroisse de Melliers en Bourbonnais, et de défunte demoiselle Anne de Montcoquier ; assisté de frère Louis de Villars, son cousin, chevalier de l'ordre de St-Jean de Jérusalem, commandeur de Carlat, et d'Antoine des Boyaux, écuyer, seigneur de Colombières, paroisse de Giey, ses cousins ; avec demoiselle Madeleine Chevrier, fille de défunt Claude Chevrier, écuyer, seigneur de Paudy, en Berry, et de demoiselle Antoinette de Malfède ; assistée de demoiselle Madeleine Chevrier, sa tante, veuve de Jean Pointet, écuyer, seigneur de Laugères ; de noble homme Bertrand de Mathefelon, son cousin remué de germain, écuyer, seigneur de la Cour-de-Couffi ; de Charles de Tranchelion, son cousin, écuyer, seigneur, baron de Sennevières ; de haut et puissant seigneur messire Florimond du Puy, chevalier de l'ordre du Roi, seigneur de Vatan, du Mez, de Villeneuve, du Puy-St-Laurian, et de demoiselle Marie d'Azay, sa femme ; de dame Renée de Maray, dame de Pruneaux et de Sennevières ; de demoiselle Claude de la Châtre, femme de N. H. Charles de Durbois, écuyer, sieur de la Garenne, ses amis.

Par ce contrat, Claude *de Vellar* délaisse au dit Jean, son fils, le château des Salles et les quarante toises autour.

En l'absence de son père, resté en Bourbonnais, Jean *de Vellar* est assisté de deux de ses cousins : Louis de Villars, commandeur de Carlat, et Antoine des Boyaux, seigneur de Colombière. La parenté du premier doit remonter au delà de 1529, et son établissement serait d'une grande importance pour cette généalogie. Antoine des Boyaux pourrait être parent à un degré plus rapproché.

La famille *des Boyaux,* seigneurs de Colombière, de Château-regnault, de Torcy, de Beaulon, du Martray et de Franchesse ; dans les paroisses de Franchesse, de St-Aubin et de Beaulon, sous les châtellenies de Bourbon et de Chaveroche, a été maintenue en Bourbonnais en 1667 et a donné plusieurs chevaliers de Malte. Elle porte : *d'azur, à trois boyaux d'argent en fasce, les extrémités de gueules, entremêlés de six trèfles d'or.*

Du 28 décembre 1597, lettres en forme de certificat du roi Henri IV, expédiées à St-Germain-en-Laye, signées : Henry, et plus bas : Potier, et scellées ; par lesquelles sadite majesté, en considération des services rendus par Jean *de Vellar,* sieur des Salles et de Paudy, tant au siège d'Amiens qu'au voyage d'Arras et au siège de Doullens, l'exempte et décharge de la contribution au ban et arrière-ban lors convoqué.

Du 28 mai 1606, acte de foi et hommage fait par noble Claude d'Orsanne, lieutenant-général d'Issoudun, à Jean *de Velard*, écuyer, seigneur des Salles et de Paudy, passé devant Dufoin, notaire.

Du 19 janvier 1607, compromis entre François *de Velard*, écuyer, d'une part, et Jean et Charles *de Vellard*, aussi écuyers, ses enfants, d'autre part, passé par devant Doucet, notaire royal.

Du 20 avril 1607, sentence arbitrale rendue sur le différend mû entre Jean *de Vellar*, écuyer, seigneur de Salles ; François *de Vellar*, écuyer, seigneur de Laugières ; et Charles *de Vellar*, écuyer, seigneur de Montifault, tant en son nom que comme ayant la garde noble de ses enfants issus de lui et de feu demoiselle Philippe Pointet, sa femme ; au sujet de la part que lesdits François et Charles prétendaient dans la terre et seigneurie de Paudy. Par laquelle sentence, ledit Jean *de Vellar* est condamné leur délaisser les deux cinquièmes parties de la terre de Paudy, non compris le droit d'aînesse. Signé : Doucet, greffier à Bourges.

Du 5 avril 1610, au rapport d'Allier, notaire, transaction passée entre Charles *de Vellard*, écuyer, seigneur de Montifault, et Jean *de Vellard*, écuyer, seigneur de Paudy, par laquelle, ledit Charles *de Vellard* délaisse au dit Jean tous les droits qu'il peut avoir en ladite terre, moyennant la somme de 1950 livres.

Du 7 octobre 1610, acte au rapport de Martin Berni, notaire à Moulins, par lequel, Jean *de Vellar*, écuyer, seigneur de Paudy, s'oblige à payer à François *de Vellar*, écuyer, seigneur de Logière, et à demoiselle Anne Pointet,

sa femme; la somme de 400 livres, pour l'entier paiement de
celle de 1950 livres, provenant de la vente qu'ils lui avaient
faite d'une partie de la terre de Paudy, échue à Anne Pointet,
par la mort de Madeleine Chevrier, sa mère, comme héritière
de Jean Chevrier, son frère; et ce sans préjudice des droits
qu'ils prétendaient encore sûr la même terre, comme créanciers
des enfants mineurs de Charles *de Vellard*, écuyer, seigneur
de Montifaut, et de demoiselle Philippe Pointet, sa femme.

Des 5 juin et 7 septembre 1613 et 7 mars 1614, décret fait
sur Claude Chevrier, au siège royal d'Issoudun, d'une cinquième partie de la terre de Paudy, en icelle compris le vol du
Chapon et droit d'ainesse, et adjugée par ledit décret à Jean
de Vellard, écuyer, seigneur des Salles, comme le plus offrant
et dernier enchérisseur.

Du 14 mai 1632, au rapport de Diette, notaire, transation
passée entre Balthazard de Chanteau et Sylvain Doiron, écuyers,
et damoiselles Marie et Françoise *de Vellard*, leurs femmes,
d'une part; et René *de Vellard*, écuyer, seigneur de Paudy,
d'autre part; par laquelle lesdits Douairon et Chanteau cèdent
audit René *de Velard*, tout le droit qu'ils pouvaient prétendre
à la terre de Paudy, à cause de la succession de Jean *de Velard*,
leur père.

CHEVRIER.

I. Jean *Chevrier*, clerc, demeurant à Issoudun en 1380, fut
père de :

II. Jean II *de Chevrier*, licencié-ès-lois, seigneur de Chouday, élu pour le Roi en Berry, par de ça la rivière de Cher,
sur le fait des aides ordonnées pour la guerre, vivait en 1438

et 1450. Selon le sieur de Chambourg, il aurait épousé Jeanne de la Trie, de la maison de Reblay, près de Vatan, et du Puy, en la paroisse de Sainte-Lizaigne. Il fut père de :

1° Jean III *de Chevrier*, qui suit.

2ᵇ Jacques *de Chevrier*, seigneur de Janvarennes, Billeron, Villeneuve-sur-Cher, etc. Auteur d'une branche qui a fini à la cinquième génération, en la personne de Christophe *de Chevrier*, lequel ne se voyant point d'enfants, légua sa terre de Villeneuve à Jean du Roux, seigneur de Signy, à la condition qu'il s'appellerait *Jean-Christophe de Chevrier du Roux*, et qu'il porterait les armes de Chevrier et du Roux, écartelées.

III. Jean III *de Chevrier,* écuyer, seigneur de Chouday, vivant en 1461 et 1463, épousa Marie Beuille, dont :

1° Jean IV, qui suit.

2° Pierre *Chevrier*, seigneur de Chouday, auteur d'une branche qui s'est fondue en 1556 et 1566 dans les maisons de Villaines en Bourbonnais et du Pont de Villours.

IV. Jean IV *de Chevrier*, écuyer, seigneur de Paudy près d'Issoudun, pannetier de Jeanne de France, duchesse de Berry, et gentilhomme de la fauconnerie du Roi, épousa en 1500 Marguerite d'Aubusson, fille de Louis d'Aubusson, seigneur de Villeneuve, et de Catherine de Gaucourt, dont :

1° Bertrand, qui suit.

2° Jacques *Chevrier*, conseiller au Parlement de Paris, épousa Catherine de Saint-Benoit, dont il n'eut qu'une fille : Marie *Chevrier*, femme de Léon Lescot, seigneur de Lissy, conseiller au même Parlement.

3° Antoinette *Chevrier*, mariée en 1518 à Claude de Mathefelon, écuyer, seigneur de la cour.

4° Marie *Chevrier*, religieuse.

V. Bertrand *de Chevrier*, écuyer, seigneur de Paudy, gentilhomme de la fauconnerie du roi François 1ᵉʳ, épousa Bertine Chenu, de la maison du Bellay, fille de Jean Chenu, seigneur du Bellay, et d'Antoinette d'Eschelles, dame du Roulet, en Touraine, dont :

1° Claude, qui suit.

2° Jean V *de Chevrier*, vivait en 1580, et ne laissa pas de postérité ; il institua pour son héritière Madeleine *de Chevrier*, sa sœur, qui suit.

3° Antoine *de Chevrier*, archer de la compagnie du duc de Montpensier en 1569 et 1572, puis de la compagnie de M. d'Aumont, en 1576.

4° Gilbert *de Chevrier*, chevalier de St-Jean-de-Jérusalem, en 1552.

5° et 6° Louise et Marguerite *de Chevrier*.

7° Madeleine *de Chevrier*, mariée à Jean Pointet, écuyer, seigneur de Logère, en Bourbonnais, dont elle eut deux filles, Anne et Philippe Pointet, mariées à François et à Charles *de Vellard*.

VI. Claude *de Chevrier*, écuyer, seigneur de Paudy, épousa 1°, par contrat du 5 janvier 1567, Jeanne de Lastours, d'une ancienne maison du Limousin, dont il n'eut pas d'enfants. Elle laissa pour héritiers : Jean, seigneur de Lastours, chevalier de l'ordre du Roi; Jeanne de Lastours, dame de Clermont; François de Durfort, baron de Bajaumont, chevalier de l'ordre du Roi; et Philippe de Durfort, sa sœur.

Claude *de Chevrier*, épousa en secondes noces Antoinette de Malfède, que le sieur de Chambourg dit fille de François IIe du nom, baron de Malfède et du Dagnac, en Limousin, et de Marguerite de la Tour. De ce mariage ne vint qu'une fille unique :

VII. Madeleine *de Chevrier*, dame de Paudy ; elle était sous la tutelle de sa mère dès 1580, et fut mariée le 14 juillet 1596 à Jean *de Vellar*, écuyer, seigneur des Salles.

Chevrier porte : *d'azur à trois têtes de licorne d'argent*, 2 *et* 1.

Paudy était une forteresse féodale importante. Anne de Savoye, femme de Frédéric d'Arragon, prince de Tarente et seigneur d'Issoudun, *trépassa en l'hôtel de Paudy*, le 23 avril 1480.

C'est dans la tour de Paudy que fut d'abord renfermé le prince Zizim, frère du sultan Bajazet, tandis que l'on préparait pour lui la prison du Bourganeuf.

CHANTEAU.

Balthazar *de Chanteau*, marié avec Marie *de Vellard*, avant 1632, pouvait descendre de Jean *Chanteau*, maître des comptes de la duchesse de Bourbonnais et seigneur de Marcellanges sous la Châtellenie de Moulins en 1510. (*Noms féodaux.*)

D'OIRON.

La famille *d'Oiron*, qui paraît originaire de La Marche, était possessionnée en Bourbonnais et en Berry, ce qui a donné occasion à La Thaumassière d'en donner la généalogie dans son histoire de cette dernière province.

I. Louis *d'Oiron*, écuyer, seigneur d'Agin, en Bourbonnais, en 1544, fut le père de :

II. Jacques *d'Oiron*, écuyer, seigneur d'Agin, qui épousa le 28 février 1556, Gabrielle d'Aubusson, dont :

III. Annet *d'Oiron*, seigneur d'Agin, épousa le 6 juillet 1587, Anne Brachet, dont :

IV. Sylvain *d'Oiron*, écuyer, seigneur de Séguières, dans la paroisse de Saint-Denis-de-Jouzet, près la Châtre, mort en 1650, avait épousé le 30 juin 1619, Françoise *de Vellard*, dont il eut :

V. Pierre *d'Oiron*, écuyer, seigneur de Séguières, épousa le 13 octobre 1651, Anne de Ligondès de Genouillac, dont :

VI. Jean *d'Oiron*, écuyer, seigneur de Lusignan, paroisse de Saint-Denis-de-Jouzet, épousa le 17 mai 1687, Marie de Marquête de Ceré. Leur postérité subsiste encore de nos jours.

D'Oiron porte : *d'argent à trois roses de gueules, tigées et feuillées de sinople, 2 et 1*, selon La Thaumassière ; et *d'argent à trois quintefeuilles de gueules*, selon M. le comte de Soultrait, dans son *Armorial du Bourbonnais* ; M. de Maussabré lui donne les mêmes armes que La Thaumassière.

VIᵉ DEGRÉ.

Du 10 juin 1631, au rapport de Giraud, notaire à Issoudun, contrat de mariage de René *de Vellar,* écuyer, seigneur de Paudy, fils de défunt Jean *de Vellar,* écuyer, seigneur des Salles, et de Madeleine Chevrier : assisté de Henri *de Vellart,* son frère, écuyer ; de François Le Tailleur, écuyer, seigneur de Touvinot ; de messire Louis Le Tailleur, prêtre, écuyer, prieur de Chantevor ; de Gabriel *de Vellar,* écuyer, seigneur de Montifault ; de François *de Vellar,* écuyer, seigneur de la Brenne ; et d'Antoine *de Vellar,* écuyer, seigneur de Laugère, ses cousins germains. De Pierre de la Porte, écuyer, sieur de Pouldunet ; de François de François, écuyer, seigneur de la Garenne ; de Jacques de François, écuyer, sieur de Voset, ses cousins.

Avec Catherine *Heurtaut,* fille de défunt Philippe Heurtaut, seigneur du Chaumay, et de dame Catherine Chapus, dame d'Availles : assistée de dame Françoise Arthuis, son aïeule, veuve de Jacques Bernard, sieur de Marandé ; de Philippe Heurtaut, son frère, sieur du Chaumay ; de Jacquette Heurtaut, sa sœur, femme de Claude Perrot.

Par ledit contrat, Madeleine Chevrier fait donation de tous ses biens audit René *de Vellar,* son fils, après avoir réglé la légitimie de Marie et de Françoise *de Vellar,* ses filles.

Des 8 août 1635 et 7 avril 1639, deux certificats des services rendus au Roi dans ses armées par René *de Vellard,* écuyer, seigneur de Paudy.

Du 27 mai 1644, hommage de la seigneurie de Paudy, mouvante de la grosse tour d'Issoudun, fait au Roi, entre les mains du lieutenant-général de cette ville, par René *de Vellar,* écuyer. Signé : de la Châtre, greffier à Issoudun.

Du 26 juillet 1656, foi et hommage faits au Roi, en sa chambre des comptes, par René *de Veillard*, chevalier, seigneur de Paudy, de la terre et seigneurie de Paudy, mouvante de sa majesté à cause de sa grosse tour d'Issoudun.

Des 20 août 1656 et 24 août 1658, deux aveux et dénombrements de la terre de Paudy, mouvante en fief de S. M., faits par René *de Vellar*, écuyer, seigneur de Paudy, devant Diette, notaire.

Du 31 août 1657, arrêt du conseil privé du Roi, rendu au profit de René *de Vellard*, écuyer, seigneur de Paudy contre les trésoriers du bureau des Finances de de Bourges et autres, portant main-levée au dit *de Vellard* de la saisie féodale faite de la dite terre de Paudy.

Du 19 août 1662, arrêt de la cour de Parlement rendu au profit du dit René *de Vellard*, écuyer, contre Claude d'Orsanne, seigneur de Saragosse, et autres y dénommés. Signé : du Tillet.

Du 7 septembre 1663, arrêt de la cour de Parlement de Paris intervenu sur requête présentée par René *de Vellard*, qui lui reconnait la propriété de la dîme du lainage de Paudy, à l'exclusion de Claude Dorsanne, seigneur de Mérolles.

Du 23 mai 1664, au rapport de Chertier, notaire, foi et hommage rendu par Claude Dorsanne, seigneur de Saragosse et de Mérolles, à René *de Veslard*, chevalier, seigneur de Paudy, pour le fief de Mérolles, relevant de Paudy.

Du 13 décembre 1677, sentence du baillage d'Issoudun qui adjuge un quartier de vigne à madame Catherine Heurtault, veuve de René *de Velard*, chevalier.

MAINTENUE DE NOBLESSE EN 1667.

Inventaire des titres que produisent par devant vous, monseigneur Lambert, chevalier, seigneur d'Herbigny, conseiller
du Roi en ses conseils, maître des requêtes ordinaires de son
hôtel, intendant de justice, police et finances ès généralités de
Moulins et Bourges, et commissaire député par S. M. pour
l'exécution de ses ordres, vérification des titres de noblesse et
recherche des usurpateurs de ce titre.

1º René *de Vellard*, écuyer, seigneur de Paudy, demeurant
   en la paroisse de Paudy, élection d'Issoudun, généralité
   du Berry, âgé de 58 ans, lequel a été marié avec damoiselle
   Catherine Heurtault, de la quelle il a : Philippe *de Vellard*,
   écuyer, capitaine au régiment d'Auvergne, y servant actuel-
   lement, demeurant à la Moustière, paroisse de Vic (Vicq-
   sur-Nahon, Indre) en Berry, élection de Chateauroux ; et
   René *de Vellard*, âgé de 21 ans, son frère.

2º Antoine *de Vellard,* écuyer, seigneur de Laugère, âgé de
   60 ans, qui est marié avec damoiselle Isabelle Vernay, de
   laquelle il a eu : Louis *de Vellard*, âgé de 23 ans, Jean-
   Philibert, âgé de 20 ans, tous deux dans la compagnie des
   gendarmes de Monseigneur le Dauphin ; Louis *de Vellard*,
   âgé de 22 ans, et François, âgé de 15 ans, tous frères,
   demeurant en la paroisse de Châtel-de-Neuvre, élection et
   généralité de Moulins.

3º Gabriel *de Vellard*, écuyer, seigneur de Montifaud, âgé
   de 63, ans, qui a été marié avec damoiselle Jeanne de
   Chantelot, de laquelle il a eu Gilbert et Louis *de Vellard*,
   âgés de 19 et de 17 ans ; demeurant en la paroisse de
   Saint-Germain (Saint-Germain-d'Entrevaux), élection
   de Moulins.

4° Et François *de Vellard*, demeurant en la paroisse de Montvicq, élection de Montluçon, dite généralité de Moulins, âgé de 58 ans, qui a été marié à damoiselle Marie de Saint-Martin, de laquelle il a François et Jean *de Vellard*, âgés de 25 et de 21 ans, servant dans la compagnie dudit sieur de Paudy.

Lesquels René, Antoine, Gabriel et François *de Vellard* sont cousins germains, aux fins de faire dire qu'ils seront maintenus dans leurs qualités de Gentilshommes, comme ayant toujours vécu noblement, sans avoir jamais fait aucun acte dérogeant à noblesse, s'étant toujours dignement acquittés des emplois auxquels ils ont été commis.

Pour ce produisent un arbre généalogique armorié de leurs armes qui sont : *d'azur, semé de croisettes d'or sans nombre, au chef de même*, support deux lions. Et duquel il résulte que :

Lesdits Philippe, René, Marie et Françoise *de Vellard*, frères et sœurs, enfants de René *de Vellard*, et de damoiselle Catherine Heurtault, sont cousins remués de germain desdits Antoine, Gabriel et François *de Vellard*.

Ledit René de Vellard, frère de Henri *de Vellard*, enfants de Jean *de Vellard*, et de damoiselle Madeleine Chevrier, cousins germains desdits Antoine, Gabriel et François *de Vellard*.

Ledit Antoine *de Vellard*, fils de François *de Vellard*, et de damoiselle Anne de Pointet.

Lesdits Gabriel et François *de Vellard*, frères, enfants de Charles *de Vellard*, et de damoiselle Philippe de Pointet.

Lesdits Jean, François et Charles *de Vellard*, frères, enfants de Claude *de Vellard*, et de damoiselle Anne de Montquoquier.

Ledit Claude *de Vellard*, fils d'Antoine *de Vellard*, et de damoiselle Jeanne Treille.

Pour quoi prouver, produisent :

(Suivent les actes analysés ci-dessus et ceux qui le seront dans les autres branches jusqu'à la date de 1667).

Maître Jacques Trabot, chargé par le Roi de poursuivre la recherche des usurpateurs du titre de noblesse, qui a pris communication des pièces ci-dessus inventoriées, déclare qu'il n'entend contester la qualité d'écuyers audit Philippe *de Velard,* seigneur de Paudy, et autres ci-dessus. nommés; et qu'il consent son renvoi, sauf à Monseigneur l'intendant d'en ordonner ainsi qu'il lui plaira. Fait à Moulins, le 6 avril 1667. Signé : Lehault.

Vu les pièces mentionnées en l'inventaire ci-dessous et la déclaration dudit Trabot, attendu qu'il est justifié que lesdits René *de Velard,* sieur de Paudy, Philippe et René *de Velard,* ses fils ; Antoine *de Velard,* sieur de Laugère, Louis-Hercule, Jean-Philibert et Jean-François, ses enfants ; Gabriel *de Velard,* sieur de Montifaud, et ses enfants ; et François *de Velard,* demeurant en la paroisse de Montvicq, élection de Montluçon et ses enfants ; et que leurs auteurs sont en possession de porter la qualité d'écuyer depuis 1529 jusqu'à présent, et qu'ils ont exercé et exercent encore la profession des armes ; je n'empêche, pour le Roi, qu'ils ne soient maintenus, comme nobles d'extraction, dans la jouissance des privilèges de noblesse accordés aux gentilshommes du royaume, tant qu'ils ne feront acte dérogeant. Fait à Moulins, le 8 avril 1667. Signé : Guillaumet, procureur du Roi.

Henri Lambert, chevalier, seigneur d'Herbigny et de la Rivière-Thibouville, conseiller du Roi en ses conseils, maître des requêtes ordinaire de son hôtel, commissaire député par S. M. pour l'éxécution de ses ordres et pour la vérification des

titres des gentilshommes et recherche des usurpateurs du titre
de noblesse ès-généralités de Moulins et Bourges.

Nous avons donné acte auxdits René *de Velard,* sieur de
Paudy, Philippe et René *de Velard,* ses fils ; Antoine *de Velard,*
sieur de Laugère, Louis-Hercule, Jean-Philippe, Jean-François,
ses enfants ; Gabriel *de Velard,* sieur de Montifaud, et ses
enfants ; et François *de Velard,* demeurant en la paroisse de
Montvicq, élection de Montluçon, et ses enfants, de leurs com-
parutions et déclarations d'être nobles, et le vouloir maintenir,
et de la représentation qu'ils ont faite des titres mentionnés en
l'inventaire des titres ci-dessus, que nous avons vus et exa-
minés ; ensemble du désistement dudit Trabot et conclusions
du procureur du Roi, en ladite recherche ; ce fait, lesdits titres,
paraphés de notre secrétaire, ont été rendus auxdits sieurs *de
Vellard,* qui ont mis en notre greffe autant dudit inventaire
avec un extrait de généalogie et blason de leurs armes. Fait
à Moulins, le 9 avril 1667. Signé : Lambert. Et plus bas,
par mondit sieur : Melin.

HEURTAULT.

La famille Heurtault, d'Issoudun, porte, *de gueules, au
chevron d'argent,* selon Proust de Chambourg en sa *généalogie
d'Orléans* et d'Hozier dans les preuves de Godefroy-Maurice de
Vellar. Elle a formé différentes branches en Berry, et les branches fixées à Bourges porteraient, d'après M. de Maussabré, des
armes un peu différentes, savoir : *d'azur au chevron d'or,
accompagné de trois croissants montants d'argent, celui de la
pointe surmonté d'un bras droit revêtu du second, à la main
au naturel tenant une poignée d'épis de même.* Ces branches
de Bourges ont donné à cette ville un échevin de 1562 à 1564,

un maire en 1645 et 1646 et deux conseillers au présidial. Elles ont possédé les seigneuries de Coquebalande, du Solier, d'Houet, de Sauldray, et se sont alliées aux familles de la Boulaye, Gassot, Rullier, Robin de Coulogne, Lamoignon, Godard, Biet, de Montsaulin, Foucault, Anjorran, etc.

Les branches fixées à Issoudun et aux environs sont celles du Chaumay, du Mez, de Mérolles, de Bagneux, de St-Christophe, de Sermelles, etc. Elles ont donné des conseillers et un président lieutenant-général au baillage d'Issoudun ; un maître d'hôtel du Roi, commissaire provincial de l'artillerie de France ; un chanoine de la cathédrale de Bourges, prieur de Vouzeron ; un major de la ville et château d'Issoudun, etc. Leurs principales alliances ont été avec les familles Cougny, de Valenciennes, d'Orsanne, de la Chastre, Perrotin de Barmont, Baraton, de Lestang, Pearron des Vaux, etc.

Philippe *Heurtault*, seigneur de Chaumay, épouse en 1524 Jeanne Arthuis, fille de Jason Arthuis, sieur de St-Soing, échevin d'Issoudun, et de Marguerite Poupardin.

Jean, Pierre et Philippe *Heurtaut* furent successivement fermiers de l'abbaye de la Prée ; le dernier l'était en 1608. Un Philippe *Heurtault* était encore seigneur de Chaumay en 1659.

CHAPUS.

La famille Chapus était d'Issoudun. En 1612, Catherine *Chapus,* femme de Philippe Heurtault, était héritière en partie de feu Mathurin *Chapus,* seigneur du Pouillaud, habitant d'Issoudun ; elle était veuve en 1635 et vivait encore en 1655.

Jean *Chapus,* sieur du Pouillaud, lieutenant assesseur
criminel au baillage et siège présidial d'Issoudun, maître des
requêtes ordinaire de la Reine-mère, épousa Jeanne Robert,
dont il eut :

1° Jean *Chapus*, sieur de Boisfermier, président en l'élection
d'Issoudun, fit hommage en 1671 pour le fief du Pouillaud
en la paroisse de Lizeray.

2° Antoinette *Chapus* mariée à Issoudun, par contrat du 29
novembre 1653, à Charles de la Roche-Aymon, chevalier,
seigneur de Boisbertrand et de Lâge-Bernard, auquel elle
donna quinze enfants.

Jean *Chapus* fit hommage, en 1660, pour la seigneurie
d'Arnaise, paroisse de St-Ambroise, mouvante d'Issoudun ; il
eut pour héritière Catherine *Chapus*, sa sœur, qui avait épousé
dès 1649 Jacques Heurtault, sieur de Baigneux, et vivait encore
en 1681.

DU LAC.

La famille du Lac, originaire de la Beauce, porte : *d'azur au
chevron d'or, accompagné en chef de deux roses d'argent et en
pointe d'une fleur de lis au pied nourri de même.*

Elle remonte à Bernard *du Lac,* chevalier de la province
d'Orléans, qui devait, en 1383, deux chevaliers et douze
écuyers à l'ost du Roi.

Bertrand *du Lac,* écuyer, seigneur de Domville, acquit en
1440 les seigneuries de Chamerolles et de Chilleurs, sous le fief
de l'évêque d'Orléans ; il laissa quatre fils : Remonet, Jean,

Lionnet et Jacques ; ce dernier chanoine de Ste-Croix et St-Aignan d'Orléans : les trois autres ont fait les branches de *Chamerolles, de Domville, de Montizambert, et de Montereau.*

Lancelot *du Lac,* chevalier, seigneur de Chamerolles, chambellan du Roi, était bailli et gouverneur d'Orléans en 1504 ; son fils, Claude *du Lac,* chevalier, seigneur de Chamerolles, de Chilleurs et de Tresfontaine, fut aussi gouverneur d'Orléans en 1536.

V. Lancelot *du Lac,* chevalier, seigneur de Chamerolles et de Chilleurs, mort en 1622, épousa : 1° Marie Pot, fille de Jean Pot, sieur de Chemaux, et de Georgette de Balzac ; 2° Catherine du Puy, fille de Jean du Puy, seigneur du Moulin, et de Jeanne de Prunelé, dame d'Ouarville, de Chateauvieux et de Courbanton.

Du 1er lit, il eut Gaspard, qui suit ;

Du 2e lit : Lancelot, seigneur de Chateauvieux, qui épousa Claude de Villebresme ; leur fille porta cette terre aux *Puyvinault.*

VI. Gaspard *du Lac,* chevalier, seigneur du Couldray, épousa en 1581 Charlotte du Puy, fille de Jean du Puy et de Jeanne du Prunelé, sa belle-mère, dont il eut :

1° Lancelot *du Lac,* sieur de Chamerolles, épousa : 1° Charlotte de Courcillon, dont il n'eut qu'une fille morte jeune ; 2° Louise Remon, morte en 1636, dont il eut : Lancelot *du Lac,* mort non marié en 1650 ; et Charlotte *du Lac,* dame de Chamerolles, mariée en 1656 à Jean de Brachou, seigneur de Bainvillier.

2° Gaspard *du Lac,* sieur de Courbanton, épousa Henriette de Bouchard, sans enfants.

VII. 3° Charles *du Lac*, chevalier, seigneur de Tréfontaine, épousa : 1° en 1629, Marguerite de Gauvignon, dont il n'eut pas d'enfants ; 2° N*** de Mesme, dont :

VIII. René *du Lac*, chevalier, seigneur de Tréfontaine, marié avec Catherine *de Vellar*.

DE FRANÇOIS.

La famille de François porte : *d'or à trois fasces de gueules, surmontées de trois étoiles de même rangées en chef.*

Ce nom est connu depuis le milieu XIII° du siècle, mais la filiation prouvée ne commence qu'à :

I. Louis *de François*, écuyer, seigneur de la Garenne, près de Levroux, en Berry, vivant en 1551, fut père entre-autres de :

II. Jacques *de François*, écuyer, seigneur d'Espagne, près de Vatan, épousa Antoinette de Villebon, dont il eut :

III. François *de François*, écuyer, seigneur d'Espagne, lieutenant d'une compagnie de chevau-légers, premier gendarme de la compagnie de Monseigneur le Prince, épousa en 1606 Vincente de Muzard, dame de Fay, dont :

1° Jean, qui suit ;

2° Charles *de François*, auteur de la branche du Bois-Gisson, qui subsistait encore en 1789.

IV. Jean *de François*, chevalier, seigneur d'Espagne, épousa le 1ᵉʳ juillet 1642, Anne de Berthier, dont :

V. François *de François*, chevalier, seigneur d'Espagne, épousa Françoise *de Vellard,* fille de René, seigneur de Paudy, et de Catherine Heurtault. Elle convola, le 1ᵉʳ février 1674, avec Dieu-Donné-Louis *de Marolles*, écuyer, seigneur de Rabris. Du premier lit elle avait eu :

   1° Philippe François, qui suit ;

   2° Catherine *de François*, mariée à Jean Mulatier de la Trollière, écuyer, seigneur de Beauvallon.

VI. Philippe-François *de François,* chevalier, seigneur d'Espagne, épousa Marie-Emerantienne de Beaufort, dont :

   1° Philippe François, qui suit ;

   2° François *de François*, chevalier, seigneur de la Ridellière, garde de la Porte en 1738, avait épousé en 1734 Marie-Anne de Coigne, dont un fils et une fille.

      Philippe-François *de François*, chevalier, seigneur de la Ridellière, Sazey, garde de la Porte, épousa vers 1760 Marguerite L'huillier et mourut sans postérité.

      Et Marie-Anne *de François*.

   3° Françoise *de François*, mariée à Claude *de Vellard*, chevalier, seigneur d'Anjouin.

VII. Philippe-François *de François,* chevalier, seigneur d'Espagne, mort avant 1769, avait épousé Marie-Anne Grandjean, dont il eut deux filles :

1° Marie-Emerantienne *de François*, mariée le 19 décembre 1763 à Jean-Baptiste de la Chastre, écuyer, seigneur de Layzaud, chevalier de Saint-Louis.

2° Véronique *de François*, mariée à Louis-Edme de Coigne de Manson, seigneur de la Clouzière, gendarme de la garde du Roi.

DE MAROLLES.

La famille de Marolles, originaire de Touraine, où elle est connue depuis le XII° siècle, porte : *d'azur à l'épée d'argent garnie d'or, la pointe en bas, accostée de deux plumes adossées d'argent.*

Françoise *de Vellard*, veuve de François *de François*, seigneur d'Espagne, convola par contrat passé devant Noël, notaire en Blaisois, le 1er septembre 1674, avec Dieudonné-Louis *de Marolles*, chevalier, seigneur du Rabris et de l'hôtel d'Heugne, dont elle eut :

Gilles-Claude *de Marolles*, chevalier, seigneur du Rabris, épousa à Orléans le 21 novembre 1708, Françoise Dardeau, dont :

1° Pierre-Michel, qui suit ;

2° Edmond *de Marolles*, sous-brigadier des gardes du corps du Roi, capitaine de cavalerie, chevalier de Saint-Louis, épousa : 1° Apolline de Wissel ; 2° Marie-Jeanne Auvray ;

3° et 4° Françoise et Françoise-Claude *de Marolles*.

Pierre-Michel *de Marolles*, chevalier, seigneur du Rabris, dans la paroisse d'Heugnes, brigadier des gardes du corps du Roi, lieutenant-colonel de cavalerie, chevalier de Saint-Louis, épousa Marie-Anne de Macquerel de Quemy, dont :

1° Pierre-François *de Marolles*, mort sans postérité et Marie-Ursule de Boisvilliers ;

2° Louis-Isidore, chevalier *de Marolles*, mort à Heugnes, sans alliance, en 1853 ;

3e Marie-Thérèse *de Marolles*, mariée à François Grillon de Cré, sans enfants.

VIIe DEGRÉ.

Du 30 mai 1645, extrait baptistaire de Philippe *de Velard*, fils de René *de Vélard*, écuyer, seigneur de Paudy, et de damoiselle Catherine Heurtault. Signé : Gajat, curé de Paudy.

Du 16 octobre 1665, commission de capitaine d'infanterie dans le régiment d'Auvergne, donnée par le Roi au capitaine *de Paudy*; et, du 30 du même mois, ordre de route et commandement donné audit capitaine *de Paudy* par le Roi. Signé : Louis.

Du 16 décembre 1666, au rapport de Couplet, notaire à Meigne, au baillage de Châtillon-sur-Indre, en Berry, contrat de mariage de messire Philippe *de Vellar*, chevalier, capitaine d'infanterie dans le régiment d'Auvergne, fils de messire René *de Vellard*, chevalier, seigneur de Paudy, Diou, Saint-Romain et Availles, et de dame Catherine Heurtault, son épouse, demeurant au lieu et paroisse de Paudy, d'une part ; et damoiselle Marie *d'Orléans,* fille de messire François d'Orléans, chevalier, seigneur du Plessis-de-Rère, la Moussetière, la Tarte-linière, Vic-sur-Nahon et autres lieux, et de dame Elisabeth Carré, sa femme, séparée de biens d'avec ledit seigneur son mari, demeurant audit lieu de la Moussetière, paroisse de Vic, d'autre part. De l'avis de leurs père et mère et autres parents ci-après nommés, savoir :

Ledit seigneur *de Vellard,* de ladite dame Heurtault, sa mère, tant en son nom que comme procuratrice spéciale dudit seigneur de Paudy, son mari ; de messire René *de Vellart,* chevalier seigneur d'Availles, et de damoiselle Françoise *de Vellart,* ses frère et sœur ; de Charles de Chanteau, écuyer, seigneur de la Cour ; de René Heurtault, conseiller du Roi, son avocat au baillage, prévôté et ressort d'Issoudun, et de Jean de Saint-Oran, sieur de Chaumay, avocat en parlement, ses cousins germains maternels ; Jacques de Jarnage, écuyer, sieur des Aubrungs, la Fontaine et autres lieux.

Et de la part de ladite demoiselle d'Orléans, de l'avis et consentement desdits seigneurs et dame du Plessis, ses père et mère : de messire Louis d'Orléans, chevalier, seigneur de la Moussetière, la Richardière, etc., et de dame Catherine du Moulin, sa femme, ses oncle et tante ; et de damoiselle Marie d'Orléans, fille dudit seigneur de la Moussetière, sa cousine germaine.

Philippe *de Vellard* reçoit en dot 40,000 livres payables, savoir du lieu noble et fief d'Availles, tel qu'il est échu à sa mère, et pour le même prix, le surplus en deniers, rentes, obligations, etc. En outre de cette dot, Philippe *de Vellart,* fils aîné, est institué seul et universel héritier de ses père et mère, sauf la somme de 120,000 livres et de leur maison dans la grande rue d'Issoudun, qui demeurent réservées pour être partagées ainsi qu'il suit, savoir : 80,000 livres par moitié aux dits René et Françoise *de Vellart*, autres enfants, si, par leurs dits père et mère, n'en est disposé autrement ; et encore 10,000 livres à dame Catherine *de Vellard,* femme de messire René du Lac, chevalier, seigneur de Tréfontaine, leur fille, pour parfaire la dot portée en son contrat. Et les 30,000 livres restant avec la susdite maison pour en être disposé ainsi qu'ils aviseront bon être, et faute d'en disposer, demeureront lesdites choses comprises dans l'institution d'héritier faite en la personne du futur.

Les père et mère de la demoiselle d'Orléans lui transportent tous leurs droits sur les terres de la Moussetière et Tartelinière, cens, rentes, dîmes, terrages, etc., ensemble sur les terre, justice et seigneurie de Vic.

Ce mariage, fut célébré le 27 décembre 1666.

Du 3 octobre 1669, hommage fait au Roi, au bureau des Trésoriers de France à Bourges, par messire Philippe *de Vellar,* chevalier, gentilhomme de la chambre de S. M. et capitaine au régiment de Monseigneur le Dauphin, à cause des terres et seigneuries de Paudy, Diou, Saint-Romain et Availles ; lesquelles lui étaient échues par la mort de messire René *de Vellar* et de dame Catherine Heurtaut, ses père et mère. Signé : Baudon.

Du 21 novembre 1674, certificat des services rendus au Roi par le chevalier *de Paudy,* brigadier de la noblesse du Berry et aide-de-camp du maréchal de Créquy, pendant le temps de l'arrière-ban. Signé : de Créquy.

Du 6 avril 1680, commission donnée par les maréchaux de France au chevalier *de Paudy,* pour prévenir, arrêter et juger les différends des gentilshommes du baillage d'Issoudun. Signée : de Villeroy, et scellée.

D'ORLÉANS.

La maison d'Orléans tire son nom de la charge de vicomte d'Orléans, qu'elle exerçait avant que les noms de famille ne fussent encore fixés ; elle remonte par filiation suivie au milieu du XIVe siècle, et porte : *d'argent à trois fasces de sinople, accompagnées de sept tourteaux de gueules, 3 et 3 entre les fasces et un en pointe.*

La généalogie de cette maison a été publiée en 1684 par Aimon Proust de Chambourg, docteur et professeur en droit à l'université d'Orléans. La Thaumassière a donné sa filiation dans son *Histoire du Berry,* imprimée à Bourges en 1689. En 1752, d'Hozier en a fait l'objet d'un travail très-développé, dans son *Armorial général de France;* et M. de Vassal l'a publiée de nouveau dans son *Nobiliaire de l'Orléanais,* en 1863.

VIII. Jacques *d'Orléans,* écuyer, second fils de Louis *d'Orléans,* seigneur de Rère, en Berry, et d'Aimée de Montjouan, seigneur du Plessis-de-Rère, la Moussetière, Vic-sur-Nahon, la Tartelinière, etc., épousa le 14 septembre 1615 Alexandre Gallant, fille de N. H. Adam Gallant, écuyer, seigneur de Vallières, et d'Isabelle Tergatz. Il en eut :

1° François, qui suit.

2° Louis *d'Orléans,* écuyer, seigneur de la Richardière, épousa le 21 octobre 1647 Catherine du Moulins, dont il n'eut que deux filles : Silvine-Marie *d'Orléans,* mariée à Alexandre de Bonnafault, écuyer, seigneur de Roches et de Presque; et Catherine *d'Orléans,* qui épousa, par contrat du 6 juillet 1674, Louis de Mathefelon, écuyer, seigneur de la Cour de Couffi.

3° Anne *d'Orléans*, baptisée en 1641.

4° Louise *d'Orléans*, religieuse bénédictine, à Beaumont-lez-Tours,

5° Catherine *d'Orléans*, chanoinesse de Saint-Augustin, aux Véroniques de Blois.

IX. François *d'Orléans*, écuyer, seigneur du Plessis-de-Rère, la Moussetière, la Tartelinière et Vic-sur-Nahon, capitaine de chevau-légers en 1650, avait épousé, le 6 février 1640, Elisabeth Carré, dame d'Anjouin, fille de Bernardin Carré, écuyer, seigneur d'Anjouin, les Forges et la Motte-Chauveron. Il en eut :

1° Pierre-Joseph *d'Orléans*, célèbre Jésuite, né le 5 novembre 1642, auteur de différents ouvrages et entre autres de l'*Histoire des Révolutions d'Angleterre*. Il mourut le 31 mars 1698.

2° Louis *d'Orléans*, mort en bas âge.

3° Jeanne-Jacqueline *d'Orléans*, religieuse chanoinesse de Saint-Augustin, à Loches.

4° Marie *d'Orléans*, restée héritière de sa branche, épousa par contrat du 16 décembre 1666 (mariage bénit le 27 du même mois), Philippe *de Vellar*, chevalier, capitaine d'infanterie dans le régiment d'Auvergne.

CARRÉ.

La famille Carré porte : *d'or à la fasce d'azur, à deux demi-carreaux de même pendants en pointe du chef.* Proust de Chambourg la dit originaire de Bourgogne et transplantée dans le Blaisois et le Berry depuis plus de trois cents ans, à l'époque où il écrivait, c'est-à-dire en 1684. Elle a prouvé sa filiation noble dans l'élection de Romorantin, depuis l'an 1500.

II. Balthazard *Carré*, écuyer, seigneur de Charnay, vivant en 1521 et 1534, épousa Louise de Brisay, dont :

III. François *Carré*, écuyer, seigneur de Charnay et d'Anjouin, rendit aveu, pour cette dernière terre, au seigneur de Grassay, le 31 août 1600. Il épousa Marie Ribalet. dont il eut quatre enfants, qui partagèrent leurs successions en 1612 et en 1624. L'aîné était :

IV. Bernardin *Carré*, écuyer, seigneur d'Anjouin et des Forges, épousa Françoise de Chauveron, d'une grande maison de Touraine, dont il eut :

> 1° Jacques *Carré*, écuyer, seigneur des Forges et de la Motte-Chauveron, épousa Louise de Giganel, fille de feu Pierre de Giganel, chevalier, seigneur de Bellefont, et de Jeanne d'Argy.
>
> 2° Elisabeth *Carré*, mariée à François d'Orléans, chevalier, seigneur du Plessis-de-Rère. Elle transigea avec son frère en 1647.

EXTRAIT de la *Généalogie de la Maison d'Orléans-de-Rère et d'Orléans-Cressy-la-Vaiserie, tirée des Mémoires de M. A. P. D. C.*   C. D. R. D. P. E. D. E. L. D.

(Aimon Proust de Chambourg, chancelier, directeur, régent, docteur et professeur en droit en l'Université d'Orléans).

Imprimée à Orléans, chez Pierre Rouzeau, en 1684, in-f°.

« Marie *d'Orléans*, demeurée seule et fille unique, épousa « messire Philippe *de Vellar*, chevalier, seigneur de Paudy,

« Diou, Saint-Romain et Availles, ci-devant capitaine dans
« le régiment d'Auvergne et puis dans le régiment de Mon-
« seigneur le Dauphin ; subdélégué de MM. les maréchaux
« de France dans la province de Berry. Il porte : *d'azur*
« *au chef d'or, l'écu semé de croix de même sans nombre.*
« Il est fils de

« René *de Vellar*, chevalier, seigneur des châtellenies de
« Paudy, Diou, Saint-Romain et Availles, et de Catherine
« Heurtault. Elle porte : *de gueules au chevron brisé d'argent.*
« Ce René était fils de

« Jean II du nom *de Vellar*, chevalier, seigneur des Salles,
« près Bourbon-l'Archambaud ; maréchal-de-camp, capitaine
« des gardes du duc de Mayenne, lorsqu'il était lieutenant-
« général de l'État et Couronne de France ; gouverneur de
« Dourlans et d'Avallon, en Bourgogne ; et de Madeleine Che-
« vrier, dame de Paudy, fille de Claude Chevrier, chevalier,
« seigneur de Paudy, Diou, Saint-Romain, et d'Antoinette de
« Malfède, fille de François II° du nom, baron de Malfède et du
« Dagnac, en Limosin ; et de Marguerite de La Tour d'Au-
« vergne, sœur de François de La Tour, qui n'a eu qu'une
« fille mariée à l'ayeule du dernier comte de La Douze. Ledit
« Claude de Chevrier était fils de

« Bertrand de Chevrier, chevalier, seigneur de Paudy, chef
« du vol des oiseaux du cabinet du Roi, et de Bertine de Chenu,
« fille de Jean de Chenu, chevalier, seigneur du Bellay, du
« Roulet en Touraine et de Mont-Chevreuil, et de Jeanne des
« Echelles. Bertrand était fils de

« Jean III du nom de Chevrier, seigneur de Paudy, et de
« Marguerite d'Aubusson, fille d'un seigneur d'Aubusson, sei-
« gneur de La Feuillade et de Nadaillac. Jean III était fils de

« Jean II du nom, chevalier, seigneur de Paudy, premier
« pannetier et premier fauconnier de Charles, duc de Guienne

« et de Berry, qui, en 1474, maria les deux filles qu'il eut de
« Marie de Bueil de Sancerre ; à savoir : Anne, à messire Ro-
« bert d'Etampes, chevalier, seignenr de La Ferté-Imbaud,
« chef et père de toutes les branches de ce nom ; et Jeanne, à
« Jean de Champagne, baron de la Suse en Anjou. La première
« eut Reblay en apanage, avec d'autres biens près de Vatan ;
« l'autre eut Serennes. Jean II était fils de

« Jean Ier, chevalier, seigneur de Chouday en Berry, et de
« Jeanne de la maison de Reblay-Sainte-Lizaigne. Elle était
« sœur de Marie de La Trie, femme de Jean de Préaux, et
« aussi de Françoise de La Trie dont la branche est fondue
« dans la maison du feu maréchal de Castelneau.

« Jean *de Vellar* était fils de

« Claude *de Vellar,* chevalier, seigneur des Salles et des
« Bourbes, près de La Palisse, qui avait exercé par commission
« la lieutenance de Roi du Bourbonnais, et d'Anne de Mon-
« coquier, fille de Claude de Moncoquier, chevalier de l'Ordre
« du Roi, seigneur dudit Moncoquier et des Foucaults, près
« Moulins, maréchal-de-camp sous François, duc de Guise, et
« de Louise de Larquin, issue par les femmes des comtes de
« Tournon.

« Claude *de Vellar* était fils de

« Antoine *de Vellar,* chevalier, seigneur de Crespy, près
« Vassy en Champagne, qu'il échangea, en 1527, pour les
« Salles à Jean de la Haye, écuyer, sieur de Creil-sur-Marne,
« et à Hélène de Bétancour, sa femme ; et de Jeanne de Sainte-
« Treille, issue du fameux Poton de Sainte-Treille. Elle était
« dame des Bourbes près de La Palisse. Ledit Antoine fut tué
« en Italie, en 1532, lieutenant de la compagnie de cent-lances
« du maréchal de Chabannes , et est enterré à La Palisse.
« Il était fils de

« Guy de *Vellar,* chevalier, seigneur de Crespy en Cham-

« pagne, qui épousa Madeleine de Choiseul, fille de Jean de
« Choiseul, baron de Meuvy et de Tantonville, et de Jeanne
« de Coucy. Il était fils de

« Jean Ier du nom *de Vellar,* qui servit sous Charles VIII et
« était aussi seigneur de Crespy en Champagne.

« Il y a eu deux filles du nom *de Vellar,* mariées l'une à un
« seigneur de Montesson, en 1250 ; l'autre à Jean de Car-
« daillac, chevalier, seigneur de Courtouse, dans le pays du
« Maine.

« Cette famille, qui fait les branches de Laugères, de la
« Brenne, de Montifault et de Châteaublanc, en Bourbonnais,
« et de Martilly en Auvergne, porte : *d'azur à des croix d'or*
« *sans nombre, au chef d'or.*

« Philippe *de Vellar,* et Marie d'Orléans ont eu six enfants,
« dont il en reste deux vivants, à savoir :

« Anonime *de Vellar,* né le 4 août 1671 ;

« Jean-Louis *de Vellar,* né le 23 mai 1676,

« Leur mère mourut en novembre 1677. »

Remarques :

Il y a de nombreuses erreurs dans l'article que Proust de
Chambourg consacre à la famille *de Vellar ;* nous en signale-
rons quelques unes.

1° En ce qui concerne la famille *Chevrier,* nous renvoyons
au résumé qui lui est consacré, d'après un travail approfondi
dont elle a été l'objet de la part de M. le vicomte Ferdinand de
Maussabré.

2° La Généalogie de *Tournon* ne fournit aucun moyen de
vérifier l'origine attribuée à Louise de Larguin : on y voit seulement qu'Isabelle de Tournon épousa vers 1600 Melchior-Mirte

de Chevriers, marquis de Saint-Chamond, famille toute différente des Chevrier de Berry.

3° Antoine *de Vellar* n'épousa pas Jeanne de Sainte-Treille,
issue du fameux Poton de Sainte-Treille, mais bien Jeanne
Treille ou de Treille.

Jean, dit Poton, seigneur de Xaintrailles, Saintrailles ou
Sainte-Treille, en Limousin, bailli du Berry en 1437, sénéchal
du Limousin et du Bordelais en 1453, maréchal de France en
1454, mort en 1461, avait épousé, en 1437, Catherine Brachet
dont il n'eut pas d'enfants. Par son testament, du 11 août 1461,
il institua pour son héritier noble Bernard de La Mothe, à la
condition de porter les nom et armes de Saintrailles, et d'é-
pouser Béatrix de Pardailhan. Poton avait pour frère aîné, Jean,
sire de Xaintrailles, qui mourut sans alliance. Ses sœurs furent
Béatrix de Xaintrailles ; Thérèse de Xaintrailles, femme de
Laurent Bruet ; et Colette de Xaintrailles, femme de Jean,
seigneur de la Cassaigne. *(Histoire des grands officiers de la
Couronne ;* d'Hozier, 11ᵉ registre, *Généalogie de Bruet.)* (1)

4° Jacques de Chabannes, seigneur de La Palice, maréchal
de France et vice-roi de Piémont, dont le nom est resté si po-
pulaire pour ses naïvetés ; fut tué à la bataille de Pavie, en 1525,
et son corps rapporté à La Palice. Il est difficile d'admettre que
le même honneur ait été rendu sept ans plus tard au corps du
lieutenant de sa compagnie de cent-lances. Il y a ici confusion
dans les faits : d'ailleurs Antoine *de Vellar* vivait encore en
1534.

5° La généalogie de Choiseul occupe 54 pages in-f° dans le
tome IV du P. Anselme ; on n'y voit aucune alliance d'une fille

---

(1) Le nom de *Saintrailles* existait encore en Lorraine en 1589, car on
trouve à cette date : Henri de Saintrailles reçu chevalier de Malte au
grand prieuré de Champagne.

de Choiseul avec un *Vélard*, pas même celle de Jean de Choiseul avec Jeanne de Coucy. La baronnie de Meuvy, attribuée à Jean de Choiseul dès 1480, n'est mentionnée dans la branche des barons de Meuze, sortie des barons de Beaupré, qu'un siècle plus tard ; à partir de 1591 seulement. Enfin, la seigneurie de Tantonville ne paraît pas avoir jamais appartenu aux Choiseul : elle était un apanage de la maison de Ligneville.

Si la mère d'Antoine *de Vellar* n'était pas une Choiseul, il n'en est pas moins constant qu'il acquit, avant 1529, une partie de la seigneurie de Crespy en Champagne, seigneurie dans laquelle son père avait très-probablement déjà été possessionné. Cette seigneurie de Crespy, sous le comté de Brienne, était alors subdivisée entre un nombre prodigieux de seigneurs, car D. Caffiaux, dans sa *Généalogie de Vassan,* rapporte qu'Isabelle de Marisy y était fondée, en 1532, pour une cinquième partie dans le tiers de la moitié.

6° Le sieur de Chambourg fait erreur quand il dit qu'une fille *de Vellar* a été mariée à Jean de Cardaillac, seigneur de Courtouse au Maine. Jeanne *de Velart* était mariée en 1451 avec Jean *de Courtouse,* écuyer, seigneur de Courtouse au Maine (d'Hozier, 1ᵉʳ registre, p. 157). La famille de Cardaillac n'est point Mancelle ; elle est du Quercy.

7° Impossible de retrouver une branche *de Vellard* qui auraient été seigneurs de *Châteaublanc* en Bourbonnais.

Ce qui reste de la Généalogie de Proust de Chambourg, c'est qu'Antoine *de Vellar,* le premier de la filiation suivie justifiée par titres, avait pour père Guy *de Vellar,* chevalier, seigneur de Crespy en Champagne, et que celui-ci était fils de Jean *de Vellar,* aussi seigneur de Crespy, qui servait sous Charles VIII.

VIIIᵉ DEGRÉ.

Du 4 août 1671, acte d'ondoiement, en l'église paroissiale de Paudy, au diocèse de Bourges, de Godefroy-Maurice de *Vellar*, fils de messire Philippe *de Vellar*, chevalier, seigneur de Paudy, Diou et St-Romain, et de dame Marie d'Orléans.

PREUVE DE PAGE.

Preuves de la noblesse de Godefroy-Maurice *de Vellar* de Paudy, présenté pour être reçu page du Roi dans sa grande écurie, sous le commandement de S. A. Monseigneur le comte d'Armagnac, grand écuyer de France.

(Suit le détail des pièces analysées ci-dessus).

Nous Charles d'Hozier, conseiller du Roi, généalogiste de sa maison, juge général des armes et blasons de France, et chevalier des ordres militaires de St-Maurice et de St-Lazare de Savoie, certifions au Roi et à S. A. Monseigneur Louis de Lorraine, comte d'Armagnac, de Brione et de Charny, grand sénéchal de Bourgogne, gouverneur d'Anjou et des villes et châteaux d'Angers et du Pont-de-Cé, que *Godefroy-Maurice de Vellar de Paudi* a la noblesse nécessaire pour être reçu au nombre des pages que S. M. fait élever dans sa grande écurie, comme il est justifié par les actes énoncés dans cette preuve que nous avons vérifiée et dressée. A Paris, le 28 avril 1687. Signé : d'Hozier.

Du 13 janvier 1693, devant les notaires du châtelet de Paris, contrat de mariage de messire Godefroy-Maurice *de Vellar*, chevalier, seigneur de Vic et la Moussetière, fils de messire

Philippe *de Vellar,* chevalier, seigneur de Paudy, Diou, St-Romain et Availle, subdélégué des maréchaux de France, seul en la province de Berry, et de défunte dame Marie d'Orléans, son épouse; demeurant ordinairement au château de Paudy, près la ville d'Issoudun en Berry, de présent à Paris, paroisse St-Séverin, pour lui, d'une part ;

Et messire Louis Baudran, écuyer, conseiller du Roi, 1er substitut de M. le procureur général en la cour des Aides, et dame Marie-Anne Audiger, son épouse, demeurant rue de la Tissendrie, paroisse de St-Jean-en-Grève, au nom et comme stipulants pour damoiselle Jeanne-Charlotte-Anne Baudran, leur fille, à ce présente et de son consentement, d'autre part ;

En présence de dame Anne Pigeon, veuve de Pierre Audiger, avocat en parlement, ayeule maternelle ; Nicolas-François Baudran, écuyer, sieur de la Courbe, mousquetaire du Roi, frère ; Michel Baudran, écuyer, prieur et seigneur de Rouvres et de Neufmarché, protonotaire du St-Siège, oncle paternel ; Jean Audiger, avocat en parlement, oncle maternel, et dame Françoise Levignon, son épouse ; Antoine Audiger, auditeur en la chambre des comptes, aussi oncle maternel ; Germain le Bel, chevalier, seigneur du Lys, et dame Louise Audiger, son épouse, tante maternelle ; Henri Baudran, docteur en Sorbonne, curé de St-Sulpice, cousin ; M. Daumont, écuyer, trésorier provincial de l'extraordinaire des Guerres, cousin maternel ; André-Gérard Le Camus, chevalier, conseiller d'état ordinaire, et dame Charlotte de Messon, son épouse, etc.

En faveur dudit mariage, le seigneur *de Paudy,* père du futur époux, remet à son fils tous les meubles morts et vifs qui sont dans les terres de sa défunte épouse, sa mère, et 3,000 livres de gain nuptial. Plus il lui délaisse la terre et seigneurie d'Availle en Berry et deux maisons à Issoudun.

A la charge par le futur époux de payer en l'acquit de son

père une somme de 23,000 livres, savoir : à Catherine *de
Vellar,* sœur dudit sieur de Paudy, et femme de messire René
du Lac, écuyer, seigneur de Tréfontaine, la somme de 5,000
livres ; 2,500 livres aux religieuses Ursulines de Scelles en
Berry ; 2,000 livres au sieur de Maugiron ; et à messire René
de Vellar, frère dudit sieur donateur, chevalier, seigneur
d'Anjoin, 13,000 livres qui lui sont dues par le sieur de Paudy,
comme à sa sœur, pour retour de leur apanage.

Le sieur *de Paudy* se réserve expressément le château, terre
et seigneurie de Paudy et dépendances, pour en jouir et disposer
en pleine propriété, promettant néanmoins de conserver au futur
la somme de 20,000 livres à prendre par préciput, après son
décès, sur la dite terre, encore bien qu'il vint à convoler en
secondes noces. Finalement, promet nourrir et loger, sa vie
durant, en son château et table, les futurs époux avec trois
domestiques et quatre chevaux, à condition que la future
épouse prendra la direction de tous les domestiques.

La future épouse reçoit des deniers comptans et une maison,
paroisse de St-Martial à Paris.

Signé : Legrand et Lemoine, notaires.

Du 27 juin 1694, publication du contrat de mariage ci-dessus
au siège d'Issoudun.

Du 6 septembre 1699, copie certifiée de tout ce que dessus
par le notaire de la terre, justice, châtellenie et prévôté de
Paudy, à la requête de messire Philippe *de Vellar,* chevalier,
seigneur de Paudy, Diou et St-Romain. Signé : *Philippes de Vellar
Paudy,* et Jacquet, notaire de Paudy.

Du 29 janvier 1703, contrat d'acquisition par Claude de la
Font, chevalier, seigneur de la Ferté-Gilbert et aux autres lieux,
des terres et justice de Paudy, de messire Godefroy-Maurice *de
Vellard,* capitaine de dragons, seigneur de Paudy, et de dame

Anne Baudran, son épouse. Ledit Maurice *de Vellard* seul héritier de Philippe *de Vellard*.

Du 5 juillet 1704, arrêt du parlement de Paris confirmant la précédente vente sur Godefroy-Maurice *de Vellard*, chevalier.

BAUDRAN.

La famille Baudran est originaire du Lyonnais, et porte : *d'azur à la bande d'or, accompagnée de trois molettes d'éperon de même ; une en chef, une à chaque flanc, et d'un croissant d'argent en pointe.* Elle remonte par filiation suivie à Gonnet Baudran, damoiseau, qui testa en 1445. D'Hozier a publié sa généalogie dans le second registre de *l'Armorial de France.*

IV. Philippe *Baudran,* écuyer, seigneur de Longes et de la Colombe, épousa en 1549 Jeanne Langlois, dont il eut trois fils, qui ont laissé postérité : Louis, Thomas et Etienne. Ce dernier épousa Jeanne de Virieu.

Louis eut pour petits-fils : Henri *Baudran*, curé de St-Sulpice de Paris et Nicolas *Baudran,* gentilhomme de la Manche, maintenu noble par arrêt de la cour des Aides, du 25 septembre 1670. Cette branche a donné des capitaines aux régiments de Sancy, de Lyonnais, de Royal-Vaisseaux, etc. Benoit, qui servait en Espagne et s'était marié à Pampelune en 1718, fut substitué, en 1719, aux noms et armes de *Pradel-Fautrain.*

V. Thomas *Baudran* eut pour fils :

VI. Etienne *Baudran,* écuyer, 1er substitut du procureur général de la cour des Aides de Paris, et trésorier de France, en la généralité de Montauban. Il épousa Françoise Caul, dont il eut :

> 1° Louis *Baudran*, aussi 1ᵉʳ substitut du procureur général près la cour des Aides de Paris, marié avec Marie-Anne Audiger.

> 2° Michel-Antoine *Baudran*, prieur de Rouvres et de Neufmarché, auteur du *Dictionnaire géographique* qui porte son nom.

En 1702, René *de Vellard*, seigneur d'Anjoing, poursuivait les criées de la terre de Paudy sur son neveu, Godefroy-Maurice *de Vellar*, capitaine au régiment de Quercy ; cette châtellenie fut adjugée à Claude de la Fond, seigneur de la Beuvière et de la Ferté-Gilbert. Il ne resta plus à la branche aînée que les terres de la Moussetière, la Tartelinière et Vic-sur-Nahon, venues de Marie d'Orléans.

Godefroy-Maurice *de Vellar*, était mort avant 1715, époque à laquelle sa veuve fit production, devant M. Foullé de Mortangis, intendant de Berry, des titres de noblesse de leurs enfants mineurs restés sous sa tutelle. Ils étaient au nombre de cinq, tous baptisés en l'église de Saint-Jean-en-Grève de Paris, aux dates qui suivent, savoir :

> 1° Louise-Charlotte *de Vellar*, le 6 août, 1694.

> 2° Godefroy-Nicolas *de Vellar*, le 19 mars 1696.

> 3° Nicolas-François *de Vellar*, le 29 octobre 1700.

> 4° Louis-Pascal *de Vellar*, le 27 août 1702.

> 5° Michel-Antoine *de Vellar*, le 16 juillet 1699.

Louise-Charlotte *de Vellar* épousa Edmond Le Prestre, qui est qualifié en 1750 : écuyer, seigneur de Vic, La Moussetière, etc.,

ce qui indique que ses quatre beaux-frères étaient morts
à cette époque sans laisser de postérité, ou bien qu'ils lui
avaient cédé leurs droits sur ces terres, Edmond Le Prestre
était frère de Louis-Joseph-Edmond Le Prestre, conseiller du
Roi, trésorier général des troupes de sa maison, receveur général des finances de la généralité de Caen, et époux de Claude-
Angélique Boucher.

Louise-Charlotte *de Vellar,* eut de son mariage :

1° Michel-Edmond Le Prestre, receveur général en survivance
de la généralité de Caen, en 1750 ; qualifié, en 1778, Le
Prestre de Neubourg, chevalier, seigneur de Vic, La Moussetière, Entraignes, receveur général des finances de la
généralité de Caen.

2° Louis-Edmond–Jacques Le Prestre, capitaine au régiment
de Rohan infanterie en 1750.

3° Dominique Le Prestre, femme de Louis Perman, écuyer,
en 1750.

4° Marie-Louise Le Prestre, mariée à Paris, par contrat du
27 janvier 1750, avec Hugues de May, chevalier, seigneur
de Termout, la Vedellerie et Combraillles, dont postérité.

LE PRESTRE porte : *d'azur au chevron d'or, accompagné de*
trois trèfles de même, et surmonté d'un croissant d'argent.

Vic, La Moussetière et Entraignes appartenaient à la famille
Godeau, en 1783.

BRANCHE D'ANJOIN ET DE CHATEAUVIEUX.

VIIᵉ DEGRÉ.

Par acte du 2 février 1679, au rapport de Diette, notaire à Issoudun, dame Catherine Heurtault, veuve de messire René *de Velar*, chevalier, seigneur de Paudy, Diou, Saint-Romain et Availles, demeurant au Château de Paudy, paroisse dudit lieu, constitue pour son procureur spécial messire Philippe *de Velar,* son fils, chevalier, seigneur desdites terres et seigneuries, demeurant audit Paudy, auquel elle donne plein pouvoir pour elle se transporter où besoin sera pour consentir le contrat de mariage qui se fera de messire René *de Velar,* chevalier, seigneur d'Anjoin, demeurant audit Paudy, aussi son fils, avec damoiselle Claude de Puyvinault.

Du 9 février 1679, au rapport de Dazon, notaire de la Châtellenie de Châteauvieux, contrat de mariage entre messire René *de Velar,* chevalier, seigneur d'Anjoin, fils de défunt messire René *de Velar,* chevalier, seigneur de Paudy, et de dame Catherine Heurtault, demeurant en la paroisse de Paudy, pays de Berry, d'une part.

Et damoiselle Claude de *Puivinault*, dame de Châteauvieux, fille de défunt messire Jean de Puivinault, chevalier, seigneur de Châteauvieux, et de dame Marie de Gyvès, demeurant en son château de Châteauvieux, paroisse de Neung, d'autre part.

En présence, pour le futur de messire Philippe *de Vellar*, chevalier, seigneur de la terre et seigneurie de Paudy, Diou, Saint-Romain et autres lieux, demeurant audit Paudy, son frère, et comme procureur de dame Catherine Heurtault, leur mère ; de messire Dieu-Donné-Louis de Marolles, chevalier, seigneur de Rabry et autres lieux, demeurant audit Rabry, paroisse d'Heugnes en Touraine, son beau-frère, à cause de dame Françoise *de Velar*, son épouse.

Et de la part de ladite future épouse, de messire Gaspard de Barbançon, chevalier, seigneur de Marmagne, et damoiselle Marie de Barbançon, frère et sœur, demeurant audit Marmagne, paroisse de Tremblevif, cousin et cousine, ayant le germain sur ladite future, du côté paternel ; et maître Jean Le Maire, lieutenant des châtellenies de la Ferté-Avrain, Tremblevif, Villebrosse et autres, demeurant à ladite Ferté, son ami.

La future survivante aura pour sa demeure et habitation, de son carosse et chevaux, le château, maison, et pour prix d'Anjoin, les meubles et ustensiles avec son chauffage et celui de sa famille ; le tout pendant sa viduité seulement.

Passé le 9 février 1679, au château de Châteauvieux, paroisse de Neung en Sologne.

Le 12 juin 1679, dame Isabelle de Galmet, veuve de défunt messire Claude de Meung de la Ferté, vivant chevalier, seigneur de la Ferté-Avrain, Tremblevif et Villebrosse, demeurant à son château de Tremblevif, a reçu en ses foi et hommage messire René *de Velard,* chevalier, seigneur d'Anjoin et Châteauvieux, demeurant en son château de Châteauvieux, paroisse de Neung, et composé avec lui pour raison du rachat dû à cause de son mariage, et reconnaît avoir été payée du rachat qui lui était échu par le décès de damoiselle Jeanne de Puivinault, sœur de la dame d'Anjoin. Au rapport de Jean le Maire, notaire de la Châtellenie de la Ferté-Avrain.

Du 3 avril 1693, copie collationnée de la preuve de noblesse faite en 1667 devant M. Lambert d'Herbigny, par Gentien-Dazon, notaire des baillage et châtellenie de Châteauvieux et Bussigné, pour servir et valoir à messire René *de Velar*, chevalier, seigneur d'Anjoin, Châteauvieux et Neung, en temps et lieu ce que de raison, ce réquérant le soussigné. Signé : *René de Vellard d'Anjoin,* et d'Azon, notaire.

MAINTENUES A L'INTENDANCE D'ORLÉANS.

Jean de Creil, chevalier, marquis de Creil-Bournezeau, conseiller du Roi en tous ses conseils et maître des requêtes ordinaires de son hôtel, intendant de justice, police et finances en la généralité d'Orléans.

Vu la requête à nous présentée par René *de Velard,* écuyer, seigneur d'Anjouin et de Châteauvieux, et damoiselle Claude de Puivinault, son épouse, le 16 avril 1693, à ce qu'attendu qu'ils sont nobles d'extraction, il nous plut les décharger de la somme de 1400 livres à laquelle ils ont été taxés pour les fiefs d'Anjoin et de Châteauvieux. Notre ordonnance dudit jour étant au bas de ladite requête, portant qu'elle serait communiquée au sieur Duclos, directeur des droits de francs-fiefs et procureur substitué du maître Carbonnel, chargé du recouvrement desdits droits. La réponse dudit Duclos, du 17 dudit mois d'avril, contenant n'avoir moyens pour empêcher la décharge de ladite taxe. Ordonnance de M. d'Herbigny, intendant de la généralité de Moulins et du Berry, du 9 avril 1667, par laquelle a été donné acte à René *de Velard,* écuyer, seigneur de Paudy, père dudit René *de Velard,* et autres de sa famille, de la représentation de leurs titres de noblesse mentionnés en l'inventaire au pied duquel est ladite ordonnance. Contrat de mariage dudit René *de Vélard,* écuyer, seigneur d'Anjouin, fils dudit sieur *de Velard,* chevalier, seigneur de Paudy, avec damoiselle Claude de Puivinaut de Châteauvieux, passé par devant Dazon, notaire à Châteauvieux, le 2 février 1679.

Nous maître des requêtes et intendant, avons, sous le bon plaisir de S. M. déchargé ledit sieur *d'Anjouin* et la dame de Puivinaut, son épouse, de ladite taxe et faisons défense audit Carbonnel de les contraindre au paiement d'icelle. Fait à Orléans, le 15 décembre 1693. Signé : de Creil.

Par monseigneur : LALLIER.

Ladite ordonnance signifiée, le 8 février 1694, au bureau du sieur Carbonnel à Romorantin, à la requête de René *de Vellard,* écuyer, seigneur d'Anjoin et de Châteauvieux, demeurant audit Châteauvieux, paroisse de Neung.

A Monseigneur de Bouville, conseiller d'État, intendant de justice, police et finances de la généralité d'Orléans.

Supplie humblement René *de Vellard,* écuyer, seigneur d'Anjouin et de Châteauvieux, demeurant audit Châteauvieux, paroisse de Neung en Sologne, disant qu'il a été appelé par devant vous par exploit du 17 octobre dernier, à la requête de maître François Ferrand, chargé de l'exécution de la déclaration du Roi du 4 septembre 1696 pour la recherche des usurpateurs du titre de noblesse. Sur laquelle assignation il a comparu, et, pour la justification de sa noblesse rapporte et produit l'inventaire des titres de sadite noblesse qui ont été mis ès-main de M. Lambert d'Herbigny, intendant de la géné-

ralité de Moulins sous le nom de René *de Vellard,* écuyer, seigneur de Paudy, son père ; Philippe *de Vellard,* écuyer, et lui René *de Vellard,* écuyer, qui est le suppliant, ses enfants, et autres de leur famille, qui leur en aurait donné acte par son ordonnance étant au bas dudit inventaire, en date du 9 avril 1667. En conséquence de quoi vous requiert, ledit suppliant, ce considéré, qu'il vous plaise, monseigneur, le renvoyer de l'assignation dudit Ferrand et ferez justice.

Vu par nous, conseiller d'État et intendant de la généralité d'Orléans, l'ordonnance de M. Lambert d'Herbigny du 9 avril 1667, par laquelle il aurait maintenu le suppliant en sa qualité de noble et d'écuyer ; le désistement de maître François Ferrand, chargé par S. M. de la recherche des usurpateurs du titre et privilège de noblesse en cette généralité ; conclusions du procureur du Roi de la commission, auquel le tout a été communiqué, et tout considéré.

Nous, intendant, avons déchargé ledit suppliant de l'assignation à lui donnée à la requête dudit Ferrand pour jouir par lui, ensemble ses enfants nés et à naître en loyal mariage, de tous les privilèges, honneurs et exemptions dont jouissent les autres gentilshommes du royaume, tant et si longtemps qu'ils vivront noblement et ne feront acte de dérogeance : ce fait, lesdits titres ayant été paraphés de notre secrétaire, ont été rendus audit sieur René *de Vellard.*

Fait à Orléans, le 13 janvier 1703. Signé : Jubert.

Par Monseigneur : BECHADE.

Du 9 septembre 1697, certificat de paiement à la somme de 22 livres fait par René *de Vellard,* écuyer, seigneur d'Anjoin, demeurant à Châteauvieux, paroisse de Neung, pour l'enregistrement de ses armoiries dans l'armorial général, suivant l'édit du mois de novembre 1696.

Du 15 mai 1712, assemblée des habitants de la paroisse de Neung, par devant Jean Marchant, notaire et garde du scel établi en la justice et Châtellenie de Châteauvieux, pour la répartition entre eux des tailles dues par ladite paroisse et de la capitation.... Sur la remontrance qui leur a été faite par dame Claude de Puyvinault, veuve de défunt messire René *de Vellard,* vivant chevalier, seigneur d'Anjouin, dame de Châteauvieux et Neung, demeurant audit Châteauvieux, paroisse de Neung.

DE PUYVINAULT.

La famille de Puyvinault tire son nom de la terre de Puyvinault, mouvante de la vicomté de Bridiers, dans la paroisse de Saint-Aignan-de-Versillac, dans la Marche. Elle porte : *d'azur à la fasce d'or, chargée d'une vivre de gueules ; accompagnée en chef de deux croissants d'argent et en pointe de trois étoiles aussi d'argent.*

I. Martin *de Puyvinault,* écuyer, seigneur de la Barre, dans la paroisse de Bauldre, en Blaisois, était détenu prisonnier depuis trois ans dans le château de Beaune, en Bourgogne, avec Jacques de la Thuille, sans qu'on en connût le motif, lorsqu'il fut élargi par lettres du Roi données au Plessis-du-Parc, lez Tours, le 15 avril 1544. Il avait épousé Anne de la Thuille, veuve de Pierre Blanchard, écuyer, seigneur de la Motte, et fut père de

II. François *de Puyvinault,* écuyer, seigneur de la Barre, rendit aveu dudit lieu, en 1551, à la reine de France, à cause de sa grosse tour de Levroux. Il avait épousé à Romorantin, le 18 juin 1536, Charlotte Blanchard, fille du premier lit de sa belle-mère, dont il eut Jean et Denis *de Puyvinault,* qui partagèrent noblement en la justice de Levroulx, le 25 janvier 1574.

III. Jean *de Puyvinault,* écuyer, seigneur de la Barre, bailli de Levroulx, puis lieutenant-général au siége de Châtillon-sur-Indre, fut maintenu dans sa noblesse par arrêt de la cour des aides du 27 mars 1596, à la suite d'une longue enquête faite l'année précédente par M. de Machault, conseiller en ladite cour, assisté du procureur général, et dans laquelle dix-sept témoins des plus qualifiés déposèrent de la noblesse et ancienne extraction dudit sieur de la Barre. Il épousa Jeanne Quinault, dont il eut un fils et deux filles, qui partagèrent à Châtillon-sur-Indre, le 31 décembre 1628. Le fils fut

IV. Jean *de Puyvinault,* IIe du nom, seigneur de la cour de Bauldre et de Pouzieux, dans la paroisse de Thoizelay, en Touraine, fut maintenu dans sa noblesse, ainsi que Jean *de Puyvinault*, écuyer, seigneur de la Mesnière, son cousin-germain, par jugement rendu en l'élection de Châteauroux, le 30 juin 1634. Il avait épousé, par contrat du 20 août 1612, Jeanne du Lac, fille de défunt Lancelot du Lac, écuyer, seigneur de Châteauvieux, et de damoiselle Claude de Villebresme. Ladite demoiselle du Lac, demeurant au château de Marmagnes avec sa mère, alors remariée à Gaspard de Barbanson, écuyer, seigneur de Gaubertin, et assistée de dame Françoise d'Eschelles, épouse de messire Guyot Pot, chevalier, seigneur de Chemaux et Chambon, son ayeule. De ce mariage vinrent : un fils, Jean III *de Puyvinault,* qui suit, et deux filles, qui partagèrent le 1er juillet 1651.

V. Jean *de Puyvinault,* IIIe du nom, chevalier, seigneur de Châteauvieux, épousa à Orléans, par contrat du 28 décembre 1648, Marie de Gyvès, fille de défunt Claude de Gyvès, écuyer, seigneur dudit lieu de Gyvès, conseiller, secrétaire du Roi, et de Marie-Blanche, sa veuve. De ce mariage ne vinrent que deux filles :

1° Claude *de Puyvinault*, mariée en 1679 à René *de Vellard.*

2° Jeanne *de Puyvinault,* morte jeune.

Toutes les deux, étant encore en bas âge, furent maintenues dans leur noblesse par ordonnance de M. de Machault, inten-dant d'Orléans, rendue le 12 juillet 1669, sur la requête de Marie de Gyvès, veuve de Jean *de Puyvinault,* seigneur Châ-telain de Châteauvieux.

DE GYVÈS.

La famille de Gyvès, originaire du pays Chartrain, porte : *d'azur au chevron d'or, chargé de cinq annelets de gueules ; un croissant d'argent en pointe.*

Le chanoine Hubert commence sa généalogie par Geoffroy *de Gyvès,* chevalier, gouverneur de Bonneval, dont le fils, Jean *de Gyvès,* rendit aveu à l'évêque de Chartres, pour sa terre de Gyvès, en 1442 et en 1446.

Selon Laisné, prieur de Mondonville, Geoffroy *de Gyvès,* seigneur dudit lieu et de Nonneville, était sorti de la maison d'Illiers ; il avait fondé l'église de Saint-Saturnin de Neuvy, et avait épousé, avant 1407, Marie de Cosne.

Le contrat de mariage de Jean *de Puyvinault* et de Marie *de Gyvès* est le premier de cette généalogie que nous rencontrions au rapport d'un notaire d'Orléans ; c'est aussi le premier dans lequel nous ayons trouvé, suivant l'usage Orléanais, la généa-logie sommaire et ascendante des parties. Jean *de Puyvinault* ne remonte là sienne qu'à ses quatre ayeuls et ayeules, parce que c'était une innovation dans sa maison. Dans la famille *de Gyvès*, cette louable coutume était suivie plus anciennement, et, l'on remonte plus haut, parce que les contrats de mariage ajoutent successivement au contenu de ceux qui les ont précédés. Ce contrat s'exprime ainsi :

Ledit défunt Claude *de Gyvès*, fils de Nicolas *de Gyvès*, sieur de Perlire et de Pouançay, conseiller au présidial d'Orléans, et de demoiselle Elisabeth Fleureau. Ledit Nicolas *de Gyvès*, fils d'autre Nicolas *de Gyvès*, écuyer, seigneur de Perlire et de Pouançay, premier conseiller audit siége, et de demoiselle Etiennette L'Huillier. Ledit Nicolas, fils d'autre Nicolas *de Gyvès,* écuyer, seigneur desdits lieux, et de Jeanne le Thonnellier. Ledit Nicolas fils d'Antoine *de Gyvès*, écuyer, procureur du Roi à Chartres, et de demoiselle Perrine Boisire. Ledit Antoine, fils de Jean *de Gyvès*, écuyer, secrétaire des commandements du duc d'Orléans, et son avocat à Chartres, et de Jeanne Miron. Et ledit Jean *de Gyvès,* fils de messire Geoffroy *de Gyvès*, chevalier, seigneur dudit lieu de Gyvès.

Ladite demoiselle Marie Blanche, mariée à Claude *de Gyvès,* le 28 avril 1596, fille de N. H. Louis Blanche, secrétaire du Roi, et de demoiselle Charlotte Morin.

En épousant Marie *de Gyvès*, Jean *de Puyvinault* était assisté de messire Claude de Meung, seigneur de la Ferté-Avrain ; d'Hector de Villebresme, écuyer, seigneur de Rougemont ; et de René Chevallier, écuyer, seigneur d'Allemont, son cousin.

Marie *de Gyvès*, était assistée de sa mère ; de Girard *de Gyvès*, son frère, écuyer, seigneur de Meronvilliers, lieutenant au régiment de la Reine ; de messire Louis de Hallot, chevalier, seigneur d'Honville, son beau-frère à cause de dame Madeleine *de Gyvès,* son épouse ; d'Antoine *de Gyvès*, écuyer, seigneur de Villardit, premier conseiller au baillage d'Orléans, etc.

Du 24 octobre 1715, partage sous signatures privées entre
Gaspard *de Velard,* René *de Velard* et Claude *de Velard,*
écuyers, et Renée et Louise *de Velard,* damoiselles, enfants et
héritiers de messire René *de Velard,* chevalier, seigneur
d'Anjouin et de Châteauvieux, et de dame Claude de Puyvinault,
leurs père et mère; lesquels, voulant procéder entre eux au
partage de tous les biens qu'ils ont laissés par leurs décès,
s'en sont rapportés à l'avis de MM. Curault, lieutenant-général
au baillage d'Orléans, et de Bouchetault, conseiller au même
siége.

Les biens immobiliers consistent : 1° dans le manoir et terre
d'Anjoin, (paroisse de St-Martin d'Anjoin, diocèse de Bourges) ;
métairies de la Porte, de la Limosinière, du Chêne-blanc, dîmes
et droits féodaux , 2° le manoir et terre de Châteauvieux
(paroisse de Neung-sur-Beuvron , en Sologne); métairies
du Parc, de la Pinsonnière, étangs, moulins, cens, rentes,
justice et vassaux.

Desquels héritages, nous reconnaissons que le manoir de
Châteauvieux, la métairie du Parc, celle de la Pinsonnière,
l'étang et le moulin de Villecoup, la dîme des gaules, les prés
de réserve, huit mines de terre de réserve et les droits de
boucheries sont en fief, avec les vassaux et justice dépendants
de la terre de Châteauvieux, dont en appartient audit sieur de
Châteauvieux, notre frère aîné, la moitié, outre le manoir et
le vol du chapon dans ladite terre de Châteauvieux, confor-
mément à la coutume d'Orléans ; ensemble le manoir et vol du
chapon dans la terre d'Anjouin, suivant la coutume du Berry ;
ce qui se trouve monter à la somme de 15,140 livres, non
compris le manoir de Châteauvieux, dont lui faisons déli-
vrance.

Revient en outre à notre dit frère aîné la cinquième partie
dans les autres biens compris au présent partage , laquelle
monte à la somme de 6,233 livres 9 sous. Ainsi, tout ce qui lui

revient pour sa part et portion dans les dites successions se monte à la somme de 21,373 livres 9 sous, non compris le manoir de Châteauvieux. Notre frère aîné ainsi payé, ne restera pour nous que la somme de 38,274 livres à partager, et pour chacun une quatrième partie qui sera de 9,568 livres 10 sous, dont les lots s'en suivent.

Le 1er lot, composé de la moitié de la terre d'Anjouin, est échu à René *de Velard*; le 2e lot, composé de l'autre moitié de la terre d'Anjouin, est échu à Claude *de Velard*; le 3e lot, composé de la métairie de la Pinsonnière, est échu à demoiselle Renée *de Velard*; et le 4e lot, composé de la métairie du Chêne-blanc, est échu à demoiselle Louise *de Velard*.

Fait au château de la cour de Ligny, en présence et de l'avis de nosdits sieurs Curault et de Bouchetault.

Signé : *Gaspar de Vellar, René de Vellar, Claude de Vellar, Renée de Vellart, Louise de Vellart.*

Nous Louise *de Vellard*, veuve de messire Louis de Boisvilliers, chevalier, seigneur de Laubray, demeurant en mon château dudit Laubray, paroisse de Gy ; et damoiselle Renée *de Vellard*, fille majeure et usant de mes droits, demeurant au bourg et paroisse de la Ferté-Avrain, soussignées ; héritières chacune pour une cinquième portion de défunts messire René *de Vellard*, chevalier, seigneur de Châteauvieux, et de dame Claude de Puyvinault, son épouse, nos père et mère ; nous désistons à pur et à plain de l'instance qui est pendante au baillage d'Orléans entre nous, *Claude de Vellar*, chevalier, seigneur d'Anjouin, et dame Catherine Sain, veuve de messire Gaspard *de Vellard*, ayant la garde noble de messieurs leurs enfants, à l'effet de procéder à nouveaux partages des biens immobiliers dépendants des successions de nosdits défunts père et mère ; consentons que le tout demeure nul et assoupi ; ce faisant, ratifions, confirmons et approuvons le partage qui a été fait entre nous et nosdits frères, sous signatures privées, des biens immobiliers dépendant desdites successions en date du 14 octobre 1715.

Fait au château de Laubray, le 26 avril 1740.

Signé : *Louise de Vellar de Boivillier, Renée de Vellar.*

DE BOISVILLIERS.

La famille de Boisvilliers, dans l'élection de Romorantin, porte : *d'azur à trois croissants montants d'argent.* Elle remonte à Jean de Boisvilliers, écuyer, seigneur de Marchais, qui vivait en 1393.

Claude de Boisvilliers, écuyer, seigneur de Laubraye, fit preuve de sa noblesse devant les trésoriers généraux en 1641.

Extrait des registres de la paroisse d'Anjoin.

Le 10 août 1732, a été baptisée Madeleine-Renée, fille de messire Claude *de Vellard,* chevalier, seigneur d'Anjouin, et de dame Françoise de Français, son épouse. A été parrain Pierre de Rolland, écuyer, seigneur de Venet et marraine demoiselle Renée *de Vellard.*

Signé : *de Rolland, Vellar.*

Le 3 novembre 1735, a été baptisé un fils de noble Claude *de Vellard,* chevalier, seigneur du fief d'Anjouin, et de dame Françoise de Français, son épouse, né le 21 octobre dernier, à sept heures du matin, et ondoyé à la maison d'Anjouin, ledit jour, et lui ont été imposés les noms de Claude-René. Le parrain a été prudent homme Jean-René Gallus, écuyer, seigneur du Plessis, conseiller du Roi, lieutenant-criminel à Romorantin, et la marraine dame Jeanne Renée de Barbançon, son épouse, cousins issus de germain du baptisé. En présence de dame Louise *de Vellard*, veuve de feu Louis de Boisvilliers, écuyer, seigneur de Laubraye.

Le 12 décembre 1737, a été baptisée Marie-Emmerantienne, fille de Claude *de Vellard*, écuyer, seigneur du fief d'Anjouin, et de dame Françoise de Français, son épouse. Le parrain a été Louis-Joseph de Boisvilliers, écuyer, seigneur de Laubraye, et la marraine demoiselle Marie-Emmerantienne d'Espagne.

Le 8 mars 1739, a été baptisé Claude Joachim, fils de noble Claude *de Vellard* d'Anjoin et de dame Françoise de Français, son épouse. Parrain, noble Joachim de Rolland de Venet; marraine dame Marie-Madeleine de la Pinardière, épouse de noble Pierre du Closel de la Bandonnière.

Le 3 juin 1743, a été inhumé messire Claude *de Vellars,* âgé de 50 ans, écuyer, seigneur du fief d'Anjouin, vivant mari de noble dame Françoise de Français d'Espagne.

Le 25 décembre 1767, a été inhumée dans cette église dame Françoise de Français, âgée d'environ 65 ans, veuve de messire Claude *de Vellar,* écuyer, seigneur du fief d'Anjouin. En présence de Véronique de Français, dame d'Espagne, sœur de la défunte, épouse de messire Louis de Cogne; de messire Jean-Baptiste de la Châtre, allié de la défunte; de messire François de Français.

Le 19 frimaire an XI de la république française, est décédé, à six heures du matin, Claude René *Velard,* en sa demeure et propriété du château d'Anjouin, âgé de 70 ans, né en cette commune d'Anjouin, fils de René *Velard* et de Françoise de Français.

Extraits des registres de la paroisse de Neung-sur-Beuvron.

Le 6 mars 1703, a été marraine damoiselle Catherine-Claude *de Vellart,* fille du noble homme René *de Vellart,* écuyer, sire d'Anjoin et Châteauvieux, seigneur de cette paroisse.

Signé : *Catherine Claude de Vellart.*

Le 3 mars 1706, a été inhumé dans cette église le corps de René *de Vellart,* écuyer, sire d'Anjoin et de Châteauvieux, seigneur de cette paroisse, âgé d'environ 59 ans, décédé subitement le jour précédent, sans avoir reçu les sacrements. En présence des sieurs René, Jean-Baptiste et Claude *de Vellart,* ses fils et de messire Jean Gallus, écuyer, seigneur du Plessis-Jouault et autres lieux, patron fondateur de St-Thiburce.

Signé : *René de Vellart, C. de Vellart.*

· Le 3 juin 1709, a été parrain Claude *de Vellart,* chevalier de Châteauvieux, et marraine damoiselle Louise *de Vellart.*

Signé : *Le chevalier de Chasteauvieux, Louise de Vellart.*

Le 7 août 1712, a été parrain Jean-Baptiste *de Vellart,* et marraine damoiselle Françoise Carré.

Signé : *Jean-Baptiste de Vellart.*

Le 26 avril 1713, a été inhumé le corps de messire Jean-Baptiste *de Vellart,* seigneur de Neung, fils de défunt messire René *de Vellart,* seigneur de cette paroisse, lequel est décédé subitement le jour précédent après avoir reçu le sacrement d'Extrême-Onction, n'ayant pu recevoir ceux de la Pénitence et de l'Eucharistie, ayant perdu connaissance. En présence de René *de Vellart,* son frère, et de damoiselle Louise *de Vellart,* sa sœur. Ledit défunt âgé de 23 ans.

Signé : *René de Vellart, Louise de Vellart.*

Le 11 juillet 1714, a été parrain messire Claude de Vellart, écuyer, chevalier de Châteauvieux, fils de monsieur d'Anjoin, aussi écuyer, seigneur d'Anjoin, de Châteauvieux, de cette paroisse et autres lieux. Et a été marraine mademoiselle Marie-Louise de Vellart de Châteauvieux, aussi fille de monsieur d'Anjoin de Châteauvieux.

Signé : de Vellart, Louise-Marie de Vellart.

Le 3 juillet 1715, a été inhumé dans le chœur de cette église le corps de dame Claude de Puyvinault, veuve de messire René de Vellart, vivant seigneur d'Anjoin et de Châteauvieux, dame de cette paroisse ; décédée du jour précédent, après avoir reçu les sacrements de Pénitence, d'Eucharistie et d'Extrême-Onction. En présence de messieurs Gaspard, René et Claude de Vellart, ses fils.

Signé : Gaspar de Vellart, René de Vellart, Claude de Vellart.

VIIIe DEGRÉ.

Du 14 juin 1717, au rapport de Rou, notaire au Châtelet d'Orléans, contrat de mariage de messire Gaspard de Velard, chevalier, seigneur de Châteauvieux et de Neung, fils de messire René de Velart ; chevalier, seigneur d'Anjouin et de Châteauvieux, et de dame Claude de Puyvinault, son épouse, d'une part ; avec damoiselle Catherine Sain de Montigny, fille de Claude Sain, écuyer, seigneur de Montigny, et de dame Pétronille Hotman, son épouse, d'autre part.

Ledit René de Velart, fils de messire René de Velard, chevalier, seigneur de Paudy, et de dame Catherine Heurtault, son épouse. Ledit René *de Velard*, fils de messire Jean *de Velard*, chevalier, seigneur des Salles et Tours-de-Melliers, et de dame Madeleine Chevrier. Le dit Jean *de Velart*, fils de messire Claude *de Velart*, chevalier, seigneur des Salles et Tours-de-Melliers et de dame Anne de Montquoquier, son épouse. Le dit Claude *de Velard*, fils de messire Antoine *de Velart*, chevalier, et de dame Jeanne de Treille, son épouse. Lequel Antoine *de Velart* était sorti de la maison *de Velart* de la Rogue, en Auvergne, en l'année 1520.

Ladite dame Claude de Puyvinault, fille de messire Jean de Puyvinault, chevalier, IIIe du nom, et de demoiselle Marie de Gyvès, son épouse. Ledit Jean de Puyvinault, IIIe du nom, fils de Jean de Puyvinault, IIe du nom, écuyer, seigneur de Châteauvieux, et de dame Jeanne du Lac, son épouse. Ledit Jean de Puyvinault, IIe du nom, fils de Jean de Puyvinault, Ier du nom, et de demoiselle Jeanne Vuinault. Ledit Jean de Puyvinault, Ier du nom, fils de François de Puyvinault et de demoiselle Charlotte Planchard. Ledit François de Puyvinault, fils de Martin de Puyvinault et de demoiselle Anne de la Thuille. Ledit Martin de Puyvinault sorti de la maison du Puyvinault en Limousin, en l'année 1500.

De l'avis, du côté du futur époux, de messire René *de Velart*, chevalier, seigneur d'Anjouin ; de Claude *de Velart*, écuyer ; de Renée et Louise *de Velart*, damoiselles, ses frères et sœurs. De messire Louis de Barbançon, chevalier, seigneur de Marmagne ; de dame Marie de Beaujeu, épouse de messire N** de Barbançon, chevalier, seigneur de Marmagne ; de messire Jacques de Coigne, chevalier, seigneur de Boury, et de dame Marie-Marguerite Bouchault du Boury, son épouse ; et de François de Coigne, écuyer, cousins et cousines dudit futur époux.

De l'avis, du côté de la future épouse, des sieur et dame Sain de Montigny, ses père et mère ; de religieuse personne

messire Etienne de Reignac-d'Haumont, prieur d'Olivet-sur-
Cher, son frère utérin ; de N*** Sain, écuyer, seigneur de
Montigny, capitaine, frère ; de dame N*** Bongars, veuve de
N*** Sain, écuyer, seigneur de Rochefort, oncle ; de N*** Sain,
écuyer, et Anne Sain, damoiselle, cousin et cousine germains.
De Gabriel Curault, seigneur de la Cour-Ligny, lieutenant-
général au baillage d'Orléans et de Guillaume Curault, sei-
gneur de Lespinière, cousins, etc., etc.

Le futur se dote lui-même ; la future reçoit de ses père et
mère : la terre de Chaufour, la maison du Caillot et un tiers de
la terre de Montigny, sise en la paroisse de Villermain en
Beauce, etc.

Arrivant le décès du futur avant celui de ladite demoiselle,
elle aura pendant sa vie son habitation dans le château de
Châteauvieux, l'usage du Jardin, son chauffage, la pêche dans
la rivière, le droit de faire chasser une personne sur toute la
terre ; la justice et les vassaux en dépendants.

Fait et passé au lieu seigneurial de Vignelle, paroisse de
Jouy-le-Potier.

SAIN.

La famille Sain porte : *d'azur à la fasce d'argent, chargée
d'une tête de maure au naturel tortillée d'argent ; la fasce accompagnée de trois coquilles d'argent*, 2 et 1. Elle est originaire de Châtelleraut et s'est divisée en trois branches, dont la
filiation a été donnée dans le *Dictionnaire de la noblesse*, par
La Chesnaye des Bois. La branche aînée, celle des seigneurs
de Bois-le-Comte, s'est fixée en Touraine et s'est perpétuée
jusqu'à nos jours, où elle est représentée par un diplomate dis-

tingué. La troisième s'est éteinte en Berry, où elle s'était habituée ; la seconde, la seule dont nous ayons à nous occuper ici, habitait l'Orléanais et avait pour auteur :

I. René *Sain*, écuyer, seigneur de Rochefort, conseiller du Roi en tous ses conseils, grand audiencier de France et intendant général des armées du Roi en Italie, mort à Turin en 1623. Il avait épousé le 23 décembre 1603 Eléonore de Foyal, fille de François de Foyal, chevalier de l'ordre du Roi, dont il eut quatre enfants, qui partagèrent les successions de leurs père et mère en 1647. Le second des fils

II. Louis *Sain*, écuyer, seigneur de Rochefort, de la Baronnie, près Meung et de Montigny, dans la paroisse de Villermain, gentilhomme de la chambre du Roi, épousa à Orléans, le 16 novembre 1656, Catherine Baillard, fille de feu N. H. Jean Baillard, conseiller au présidial de cette ville, et de Catherine Pellerin. De ce mariage vinrent deux fils, qui partagèrent la succession de leur père, en 1685, et celle de leur mère, en 1688.

1° Louis *Sain*, écuyer, seigneur de Rochefort et de la Baronnie, qui était marié en 1693, avec Anne Bongars, dont il laissa postérité.

III. 2° Claude *Sain*, écuyer, seigneur de Montigny, successivement officier dans les régiments de cavalerie de Royal-Cravates et du Dauphin, épousa à Orléans, le 18 août 1686, Pétronille-Hotman, veuve d'Etienne de Regnier, écuyer, seigneur d'Haumond ; fille de défunts Philippe Hotman de Rougemont, écuyer, et d'Anne Julien, dont il eut :

1° Nicolas *Sain*, capitaine au régiment d'infanterie de Tallard, mort sans alliance.

2° Catherine *Sain*, restée héritière de sa branche, mariée en 1717, à Gaspard de *Vellard*.

Par ordonnance de M. de Creil de Bournezeau, intendant d'Orléans, en date du 8 janvier 1694, Louis et Claude *Sain,* écuyers, furent déchargés de la taxe des francs-fiefs pour leurs terres de Vignelle, dans la paroisse de Jouy-le-Potier, en Sologne, et de Montigny, dans la paroisse de Villermain, en Beauce.

HOTMAN.

La famille Hotman porte : *parti, emmanché, d'argent et de gueules de cinq pièces.* Suivant une enquête faite en 1614, et un arrêt de maintenue de noblesse de la cour des Aides de Paris, du 19 août 1615, elle est originaire de la Silésie, s'est répandue en plusieurs provinces d'Allemagne et remonte sa généalogie noble à l'an 1304. Le premier qui se soit établi en France est :

I. Lambert *Hotman,* fils de Gérard et de Catherine Spaen, qui vivaient à Emmerich sur le Rhin, en 1454 ; il suivit en France, en qualité d'intendant, le prince Engilbert de Clèves, premier duc de Nevers, et était, en 1512, l'un des gendarmes de la compagnie de Monseigneur, depuis François Ier. Il mourut en 1517, et avait épousé à Paris, vers 1470, Jacqueline de Vic, dont il eut deux fils, Jean et Pierre, qui ont laissé une très-nombreuse postérité.

II. Jean, l'aîné, seigneur de Balisy, trésorier des chevaliers de Saint-Jean de Jérusalem, épousa Thomasse Lorrain, dont il eut, entre autres :

III. Charles *Hotman,* seigneur du Tillet-Saint-Benoît, baron d'Aschères et de Rougemont, maître des comptes à Paris, épousa en 1556, Geneviève Perrot, dont :

IV. Charles *Hotman*, aussi baron d'Aschères et de Rougemont, et maître des comptes à Paris, épousa en 1585, Marie
Bolard, dont :

V. Philippe *Hotman*, seigneur du Boulay-des-Deux-Églises,
homme d'armes dans la compagnie du Roi, épousa à Orléans,
en 1626, Anne Jullien, dont il eut trois fils : Charles, Jean et
Nicolas *Hotman*; et une fille, Pétronille *Hotman,* mariée :
1° à Etienne de Regnier, seigneur d'Haumond ; 2°, en 1686,
à Claude *Sain de Montigny.* Ces enfants furent maintenus par
arrêt du conseil du 5 février 1671.

II. Pierre *Hotman,* fils cadet de Lambert, fut reçu conseiller
au parlement de Paris, en 1544, et laissa six fils : François,
Philippe, Antoine, autre François, Paul et Charles.

Philippe, conseiller au Châtelet de Paris, fut père de Pierre,
aussi conseiller au Châtelet, qui ne laissa qu'une fille unique,
mariée en 1626, à son cousin Philippe *Hotman,* seigneur de
Morfontaine.

Antoine, avocat-général au parlement de Paris, fut père de
1° Jacques, seigneur de Belleplace, trésorier de l'extraordinaire
des guerres en Bourgogne et maître d'hôtel de Roi ; 2° de Jean-
Jacques *Hotman,* seigneur de Marsigny, près de Châteauneuf
en Thimerais, gentilhomme de la chambre, en 1623, et lieutenant au régiment de Sault, en 1626.

Le second François, conseiller d'État de la maison de
Navarre, fut père de Jean *Hotman,* seigneur de Villiers-Saint-
Paul, maître des requêtes et agent du Roi en Allemagne,
en 1615.

III. François *Hotman,* l'aîné, chevalier, seigneur de Fonte-
nay-sur-Connie, de Montmelian, Plailly et Morfontaine, conseiller d'État et privé en 1696, succéda à son beau-père, Jean

Granger, seigneur de Liverdin en Brie, dans la charge d'ambassadeur près les ligues des Suisses et Grisons ; il laissa trois fils et deux filles : François, abbé de Saint-Médard de Soissons et de N. D. de Voue, près Cherbourg, conseiller clerc au Parlement de Paris ; Timoléon et Philippe, dont nous allons parler ; Marie *Hotman*, femme de Vincent Bouhier, seigneur de Beaumarchais, conseiller d'état, dont elle eut deux filles, Lucrèce et Marie Bouhier mariées, la première au maréchal de l'Hôpital, et la seconde au duc de Layieuville ; et Louise *Hotman,* femme de Josias de Montmorency, vicomte de Bouré, capitaine au régiment des gardes.

IV. Timoléon *Hotman,* seigneur de Fontenay, président des trésoriers de France à Paris, conseiller d'état en 1629, laissa cinq enfants ; deux filles mariées à MM. d'Aligre et Portail, une autre religieuse à Chelles : Timoléon, chevalier de Malte, en 1633 ; Vincent, conseiller d'état, maître des requêtes et intendant des finances, mort sans enfants de Marguerite Colbert, en 1683 ; et Mathieu *Hotman,* seigneur de Villegomblain, capitaine aux régiments de Picardie et de Condé, dont les quatre enfants furent maintenus dans leur noblesse, en 1702.

IV. Philippe *Hotman,* chevalier, seigneur de Morfontaine, maître d'hôtel du Roi et conseiller d'état, épousa en 1626, Catherine *Hotman,* sa cousine, dont il eut :

> 1° François *Hotman*, chevalier, seigneur de Morfontaine, marquis de Villiers–Saint-Georges, maître d'hôtel du Roi et conseiller d'état, ne laissa qu'un fils et une fille, morts sans postérité.

> 2° Pierre *Hotman*, seigneur de Fontenay, capitaine au régiment de Picardie en 1660, ne laissa pas non plus de postérité.

V. 3° Nicolas *Hotman*, chevalier, seigneur de Montmelian, premier capitaine du régiment de Normandie et major du régiment d'Arbouville, épousa en 1681, Anne *Pochon*, fille de Nicolas Pochon, chevalier, seigneur de Cormorain, et d'Anne de la Fond, dont :

VI. Nicolas-Hector *Hotman*, chevalier, seigneur de Fontenay, épousa en 1708, Claude Jogues, dont il eut cinq enfants, l'un desquels fut :

VII. Jean–Alexandre *Hotman,* chevalier, seigneur de Beaugency-le-Cuit, capitaine au régiment d'infanterie de Chartres, chevalier de Saint-Louis, épousa à Orléans, en 1755, Marie-Thérèse *Boyetet de Boissy,* sœur cadette de Marie-Anne-Françoise Boytet de Boissy, mariée en 1746, à Gaspard *de Vellard,* de Châteauvieux.

Extraits des registres de la paroisse de Neung-sur-Beuvron.

Le 31 août 1721, à été marraine d'une cloche, dame Catherine Sain de Montigny, épouse de messire Gaspard *de Vellart,* chevalier, seigneur de Châteauvieux et de Neung.

Le 7 janvier 1728, a été inhumé dans le chœur de cette église, du côté de l'évangile, le corps de messire Gaspard *de Velard,* chevalier, seigneur de Châteauvieux et de Neung, époux de dame Catherine Sain de Montigny, âgé d'environ 46 ans, décédé subitement dans son château, sans avoir pu recevoir aucun sacrement. En présence de M. d'Haumont, prieur d'Olivet-sur-Cher, son beau-frère ; de damoiselle Renée *de Velard,* de Châteauvieux, sa sœur, de messire Louis de Barbançon de Marmagne, etc.

Signé : *Renée de Vellar.*

IXe DEGRÉ

Du 20 février 1746, au rapport de Rou, notaire du Châtelet d'Orléans, contrat de mariage de messire Gaspard *de Vellard*, chevalier, seigneur de Châteauvieux et autres lieux, fils de défunt messire *Gaspard de Vellard*, chevalier, seigneur de Châteauvieux, et de dame Catherine Sain, son épouse, à présent sa veuve, demeurant à Orléans, paroisse de l'Aleu-St-Mesmin.

(Suivent les généalogies ascendantes de *Vellard* et de *Puyvinault*).

Avec Marie-Anne-Françoise *Boyetet de Boissy*, damoiselle, fille mineure de défunts Charles-Borromée *Boyetet*, écuyer, seigneur de Boissy-le-Sec, et de Marie-Françoise *Pochon* de Beauregard, damoiselle, demeurant à Orléans, paroisse de St-Michel.

Ledit défunt sieur de Boissy, fils de Charles *Boyetet* de Mérouville, écuyer, seigneur de Boissy, secrétaire du Roi, et de dame Marie Brachet, damoiselle, fille de messire Charles Brachet, écuyer, conseiller d'état, intendant des finances dans les armées du Roi en Luxembourg.

(Suit ici une généalogie ascendante des *Pochon*, sur laquelle nous reviendrons).

Françoise *Carré* de Bouchetault, damoiselle, (ayeule maternelle de la future), fille de Pierre *Carré*, écuyer, seigneur de Bouchetault, trésorier de France au bureau des finances d'Orléans, et de dame Françoise Brisson. Lequel sieur *Carré* était fils de Pierre *Carré*, écuyer, seigneur de Bouchetault, aussi trésorier de France à Orléans, et de dame Marie *Egrot*. Ledit sieur Pierre *Carré,* fils de Denis *Carré,* écuyer, seigneur de Bouchetault et de dame Anne Charpentier.

Nota. — (Cette famille CARRÉ, d'Orléans, est différente de la famille *Carré,* de l'élection de Romorantin, dont il est question ci-dessus, au Ve degré de la branche aînée ; leurs armes ne sont pas les mêmes, celle-ci porte : *écartelé ; au 1er et 4 d'azur au soleil d'or, au chef d'argent chargé de trois étoiles de sable ; au 2 et 3 d'or au lion de gueules).*

Laquelle dame Marie *Egrot* était fille de Charles *Egrot,* seigneur d'Hourdy, conseiller au présidial d'Orléans, et de Catherine Luillier. Ladite Françoise Brisson, fille de Nicolas Brisson, écuyer, seigneur de Machault, trésorier de France à Orléans, maître d'hôtel du Roi, et de dame Françoise Longuet, son épouse. Ledit sieur Nicolas Brisson, fils de Jean Brisson, écuyer, sieur de Pontault, et d'Antoinette Meusnier, son épouse. Ladite Françoise Longuet, fille de François Longuet, écuyer, seigneur de Courbanton, et de François Tappin, son épouse.

Lesdits futurs époux assistés ; savoir, l'époux, de la dame de Châteauvieux, sa mère ; de Louis Sain, écuyer, seigneur de la Noue, son oncle maternel, et de dame Madeleine Courtain, damoiselle, son épouse. La future, de messire André-Hector Pochon, chevalier, seigneur de Beauregard, son oncle et curateur, et de dame Génevière Charpentier de Mondonville, son épouse. De Charles-Hector Boyetet, écuyer, seigneur de Boissy-le-Sec ; François-Pierre Boyetet, écuyer, seigneur de Beaumont, frères. De haut et puissant seigneur messire Germain-Louis de Chavelin, marquis de Grosbois, président au parlement de Paris, commandeur des ordres du Roi, et de H. et P. D. madame Cahouet de Beauvais, son épouse, cousine issue de germain ; messire Claude Cahouet de Beauvais, chevalier, seigneur de Conteville, cousin au même degré, du côté paternel. De M. maître Jean-Léon Boyetet, lieutenant-criminel au baillage d'Orléans ; Charles Boyetet, écuyer, maréchal-des-logis du Roi ;

tous deux cousins issus de germain du côté paternel. François-
de-Paule Mariette, ancien lieutenant-colonel du régiment de
Navarre, chevalier de St-Louis, cousin du côté paternel. François Carré, écuyer, seigneur de Bouchetault, cousin maternel.
Jean de Loynes, écuyer, seigneur d'Autroche, trésorier de France
à Orléans, cousin. Pierre Samuel Bigot, chevalier, seigneur de
Cherelle, major du régiment d'infanterie de Conti, chevalier de
St-Louis, et dame Marie-Janne Boyetet, son épouse, cousine
paternelle. Augustin-Jean-Edouard Boyetet, sieur de l'Ardoise ;
Elisabeth Boyetet ; Marie-Catherine Boyetet ; Pierre-François
d'Orléans, chevalier, seigneur de Villechauve ; aussi cousins et
cousines, etc.

La mère du futur époux lui délaisse en dot la terre et seigneurie de Châteauvieux, en la paroisse de Neung-en-Sologne ;
la métaierie de Chaufour, paroisse d'Huisseau ; et la moitié de
la métairie des Bordes, paroisse d'Hauteuil ; ledit abandon,
estimé 2,000 livres de rente, fait pour lui tenir lieu de ce qui
peut lui revenir en la succession de son père.

Du 12 avril 1763, partage sous signatures privées entre
Louis-Gaspard *de Vellard* et Anne-Catherine *de Vellard,* sa
sœur.

Nous Louis Sain, écuyer, seigneur de la Noue, demeurant à
Orléans, rue des Fauchets, paroisse de St-Paterne ; au nom et
comme tuteur de messire Louis-Gaspard *de Vellard,* chevalier,
seigneur de Châteauvieux, fils mineur de défunt messire Gaspard *de Vellard,* chevalier, seigneur dudit Châteauvieux, et de
Marie-Anne-Françoise Boyetet de Boissy, son épouse, d'une
part ;

Et Anne-Catherine *de Vellard,* damoiselle, mineure éman-
cipée d'âge, demeurant à Orléans, rue de Gourville, paroisse
de St-Pierre-en-Sentelée, procédant sous l'autorité de messire

Jean-Alexandre Hotman, chevalier, seigneur de Beaugency-le-Cuit, ancien capitaine au régiment d'infanterie de Chartres, chevalier de St-Louis, d'autre part ;

Sommes convenus, en attendant la majorité desdits sieur et demoiselle *de Vellard,* frère et sœur, de procéder à la liquidation et partage des biens qui leur appartiennent des successions desdits défunts sieur et dame *de Vellard,* leurs père et mère, et de celle de défunte Catherine Sain, damoiselle, veuve de messire Gaspard *de Vellard,* chevalier, seigneur de Châteauvieux, leur aïeule paternelle, sous la garde de laquelle lesdits mineurs sont restés après le décès de leurs père et mère.

La masse générale des biens se compose de :

1° La terre seigneuriale de Bouchetault, en la paroisse de Chaumont, en Sologne, acquise au nom dudit sieur *de Vellard,* en 1753, par ledit sieur de la Noue, son tuteur, estimée 54,000 livres.

2° La terre, seigneurie et châtellenie de Châteauvieux, en la paroisse de Neung, en Sologne, estimée 29,647 livres, non compris le château et vol du chapon, délivrés audit sieur *de Vellard* pour son droit d'aînesse,

3° Le château et lieu seigneurial de Vignelle, en la paroisse de Jouy-le-Poitier, estimé 20,075 livres.

4° Les deux tiers de la métairie de Montigny, paroisse de Villermain en Beauce, estimé 9,500 livres.

5° La maison du Haumont, à St-André-lez-Cléry, estimée 2,000 livres.

6° La moitié de la métairie de la Borde, autrement la Feraudière, paroisse d'Autheuil, près Chateaudun, estimée 8,145 livres.

7° Le quart d'une maison sise à Orléans, place de l'Étape, 2,712 livres.

8° Une maison sise à Beaugency, des rentes, etc.

Le tout montant à 151,661 livres.

Est reconnu que les châteaux de Châteauvieux et de Vignelle, avec toutes leurs dépendances, sont tenus en fief du comté de Beaugency.

Il revient au sieur *de Vellard,* pour les deux tiers dans les biens féodaux, 38,825 livres; et 42,402 livres, pour la moitié des biens qui se partagent en roture; au total 81,227 livres; et à Mlle *de Vellard,* en tout, 61,814 livres.

Est attribué à M. *de Vellard :* le château de Châteauvieux et toutes ses dépendances; le lieu seigneurial de Bouchetault et des rentes. Est attribué à Mlle *de Vellard* le château et lieu seigneurial de Vignelle, etc.

Du 12 avril 1763, conventions subsidiaires, concernant les réparations faites aux biens tenus en fief et exécutées de 1753 à 1762, et le partage de 83 marcs, 4 onces d'argenterie, arrêtées à Orléans entre ledit Louis Sain, audit nom, et Jean-François Lambert, écuyer, seigneur de Villemarre, capitaine au régiment d'infanterie d'Orléans, demeurant audit Orléans, rue de Gourville, paroisse de St-Pierre-en-Sentelée, et dame Anne-Catherine *de Vellard* de Châteauvieux, damoiselle, son épouse, fille et héritière pour moitié desdits défunts sieur et dame *de Vellard* de Châteauvieux, ses père et mère.

Signé : *Sain, Lambert de Villemarre, de Velard de Ville-marre.*

Du 24 janvier 1774, nous Louis Gaspard *de Vellard,* chevalier, seigneur de Bouchetault et de la Noue, à présent majeur, du 17 août dernier, après avoir pris connaissance des liquidation et partages faits entre M. et Mme Lambert de Ville-marre et Louis Sain, écuyer, mon tuteur, des biens à nous délaissés par nos père et mère, déclare les ratifier et approuver, etc.

Signé : *de Vellard, Lambert de Villemarre, de Vellard de de Villemarre.*

Extrait des registres de la paroisse de St-Pierre-en-Sentelée d'Orléans.

Le 22 mars 1763, ont reçu la bénédiction nuptiale messire François-Jean-Baptiste Lambert, écuyer, capitaine au régiment d'infanterie d'Orléans, fils majeur de François Lambert, écuyer, seigneur de Villemarre et de Launay, et de dame Nouel de Tourville, damoiselle, d'une part ; et Anne-Catherine *de Vélard* de Châteauvieux, damoiselle, fille mineure de défunts messire Gaspard *de Vélard,* chevalier, seigneur de Châteauvieux, et de Marie-Anne-Françoise Boyetet de Boissy, damoiselle, d'autre part ;

En présence des père et mère de l'époux ; de messire Jean-Charles Luguet de Perseville, chevalier de St-Louis, officier des ordres du Roi et commissaire honoraire des seize compagnies d'ordonnance de la gendarmerie française, cousin de l'époux. De messire Louis de Hallot, chevalier, seigneur d'Honville, cousin de l'épouse. De Louis-Gaspard *de Vélard,* chevalier, seigneur de Châteauvieux, frère. De Louis Sain, chevalier, seigneur de la Noue, cousin. De Jean-Alexandre Hotman, chevalier, seigneur de Beaugency-le-Cuit, ancien capitaine au régiment de Chartres, chevalier de St-Louis. De Charles-Hector Boyetet, écuyer, seigneur de Boissy, oncle.

BOYETET.

La famille Boyetet porte : *d'azur, au chevron accompagné en chef de trois étoiles, 1 et 2, et en pointe d'une cassolette fumante, le tout d'or*. Elle est très-ancienne à Orléans, où elle établit sa filiation depuis l'an 1475 ; elle a donné à cette ville deux maires en 1637 et en 1646. Jean-Léon *Boyetet* était, au dernier siècle, réputé l'un des plus habiles criminalistes de France ; émule de Pothier dont il était le contemporain.

La terre de Boissy-le-Sec est une magnifique et très-ancienne seigneurie à deux lieues d'Etampes.

POCHON.

La famille Pochon, originaire du Maine, porte : *d'azur au chevron d'or, accompagné d'un lion de même en pointe ; au chef d'argent chargé de trois mouchetures d'hermine de sable*.

I. François *Pochon,* écuyer, seigneur de la Rotière, au Maine, est le premier qui vint s'établir à Orléans, il fut père de :

II. Jean *Pochon,* écuyer, épousa en 1537 Rose Paris, dame de Beauregard, dont :

III. Hector 1er *Pochon,* écuyer, seigneur de Beauregard, commissaire des guerres, épousa en 1578 Madeleine Baudet, dont :

IV. Hector II *Pochon,* écuyer, seigneur de Beauregard, épousa en 1614 Aimée Le Petit, fille d'Antoine Le Petit, premier médecin du Roi, et d'Andrée du Tillet, dont il eut quatre fils :

1° Hector *Pochon*, qui suit.

2° Nicolas *Pochon*, écuyer, seigneur de Cormorin, épousa Anne de Lafons et a fait branche.

3° Autre Hector *Pochon*, seigneur de Marcilly, épousa Françoise de Lafons.

4° Théodore *Pochon*, commissaire des guerres en Espagne.

V. Hector III *Pochon,* chevalier, seigneur de Beauregard, conseiller du, Roi en ses conseils, trésorier de France et général les finances à Orléans, épousa Marie Sachet, dont :

VI. Hector IV *Pochon*, chevalier, seigneur de Beauregard, lieutenant au régiment de Picardie, puis gouverneur du Fort-Français, épousa Françoise Carré de Bouchetault, dont :

1° André-Hector *Pochon*, chevalier, seigneur de Beauregard, marié avec Geneviève Charpentier de Mondonville.

2° Marie-Françoise *Pochon* de Beauregard, femme de Charles-Borromée Boytet de Boissy.

LAMBERT.

La famille Lambert est originaire de Paris et porte : *d'azur au chevron d'or, accompagné en chef de deux étoiles et en pointe d'un lion aussi d'or.*

I. François *Lambert*, auditeur des comptes à Paris en 1552, acquit en 1575 la terre de Cambray en Beauce. Il avait épousé en 1559 Jeanne Bouette, fille de Robert Bouette, conseiller au parlement de Paris, dont il eut :

1° Charles, qui suit

2° Louis *Lambert*, maître des comptes, épousa Hélène Bacquet.

3° Marie *Lambert*, femme de Louis Vivien, seigneur de la Grange-Batellière, à Paris, dont la famille a donné son nom à la rue Vivienne.

II. Charles *Lambert*, écuyer, seigneur de Cambray, épousa en 1600 Jacqueline Martin, dont il eut :

1° Charles *Lambert*, écuyer, seigneur de Cambray, maître des eaux et forêts d'Orléans, charge qui est restée héréditaire dans sa postérité.

III. 2° François *Lambert*, écuyer, seigneur de Cottinville, épousa Madeleine d'Avalleau, dont :

IV. Jean-Baptiste *Lambert*, seigneur de Cottinville et de Villemarre, épousa Madeleine Lambert de Cambray, sa cousine, dont : Claude *Lambert*, mariée en 1719 à André Crespin, écuyer, seigneur de Billy.

Extraits des registres de la paroisse de Neung-sur-Beuvron.

Le 14 août 1739, assistait à un mariage messire Gaspart *de Vélard*, seigneur de Châteauvieux.

Signé : *G. de Velard de Châteauvieux.*

Le 14 septembre 1750, a été inhumé dans le chœur de cette église, du côté de l'Évangile, le corps de messire Gaspard *de Vélard*, seigneur de Châteauvieux et de cette paroisse, âgé de 32 ans, fils de défunt messire Gaspard *de Vélard* et de dame Catherine Sain, décédé en son château de Châteauvieux, après avoir reçu les sacrements de Pénitence et d'Extrême-Onction. Laquelle inhumation s'est faite en présence de damoiselle Renée *de Vélard*, sa tante et autres.

Signé : *Renée de Vélard.*

Xᵉ DEGRÉ.

Du 18 avril 1764, mémoire des titres délivrés à M. Saín, comme tuteur honoraire de M. *de Vellard* de Châteauvieux, pour le faire recevoir dans les chevau-légers.

1° Une copie collationnée d'un inventaire des titres présentés par René *de Vellard,* écuyer, seigneur de Paudy, pour établir sa noblesse ; fait à Moulins le 9 avril 1667.

2° Expédition du contrat de mariage de messire Philippe *de Vellard,* chevalier, capitaine d'infanterie dans le régiment d'Auvergne, fils de messire René *de Vellard,* chevalier, avec damoiselle Marie d'Orléans, devant Souchet, notaire à Châtillon-sur-Indre, le 16 décembre 1666.

3° Expédition du contrat de mariage de messire Godefroy-Maurice *de Vellard,* chevalier, avec damoiselle Jeanne-Charlotte-Anne Baudran, passé devant Lemoyne, notaire à Paris, le 13 janvier 1693.

4° Une ordonnance de maintenue de noblesse par M. de Creil, intendant d'Orléans, du 15 décembre 1693.

5° Une autre ordonnance de maintenue rendue par M. de Bouville, aussi intendant d'Orléans, le 13 janvier 1703.

6° La grosse du contrat de mariage de messire Gaspard *de Vellard* avec dame Marie-Anne-Françoise Boyetet de Boissy, du 20 février 1746.

Du mois d'août 1772, lettre de retraite et certificat des services de Louis-Gaspard *de Vélard.*

Du 22 février 1775, au rapport de Jullien, notaire du Châtelet d'Orléans, contrat de mariage de messire Louis-Gaspard *de Vellard,* chevalier, seigneur de Bouchetault, la Noue et autres lieux, ancien chevau-léger de la garde ordinaire du Roi, demeurant à Orléans, rue des Fauchets, paroisse de St-Paterne, fils majeur de défunts messire Gaspard *de Vellard,* chevalier, seigneur de Châteauvieux, et de dame Marie-Anne-Françoise Boyetet de Boissy, damoiselle, son épouse, dont le contrat de mariage a été reçu par Pompon, l'un des notaires soussignés, le 20 février 1746.

(Suivent les généalogies ascendantes des *Vellard, Puyvinault, Boyetet, Pochon de Beauregard et Carré de Bouchetault,* copiées sur le précédent contrat).

Et demoiselle Henriette *Prouvansal* de St-Hilaire, damoiselle, fille mineure de défunt messire François-César-Henri Prouvansal de St-Hilaire, écuyer, seigneur d'Acoux, ancien officier des vaisseaux du Roi, chevalier de St-Louis, et de dame Elisabeth Massuau, son épouse, dont le contrat de mariage a été passé devant Philippe-Etienne Jullien, notaire du Châtelet d'Orléans, le 9 février 1741.

(Suivent les généalogies ascendantes des *Prouvansal* et des *Massuau,* sur lesquelles nous reviendrons dans l'ordre naturel).

Le futur époux assisté de messire Jean-François Lambert de Villemarre, chevalier, seigneur de Vignelle, ancien capitaine au régiment d'Orléans infanterie, et de dame Anne-Catherine *de Vellard* de Châteauvieux, son épouse, sœur dudit futur. De messire François-Pierre Boyetet de Boissy, chevalier, seigneur de Beaumont, oncle maternel. De messire Jean-Alexandre Hotman, chevalier, seigneur de Fontenay, ancien capitaine au régiment d'infanterie de Chartres, chevalier de St-Louis, et de dame Marie-Thérèse Boyetet de Boissy, son épouse, tante maternelle. De Charlotte-Sophie-Glossingue Hotman, damoiselle, cousine germaine. De François-de-Paule Baguenault de La Pierre, écuyer, trésorier de France au bureau de Rouen ; d'Amédée-François-Gabriel Baguenault, écuyer, seigneur de Villebourgeon, et dame Marie Fleureau de Villegoublin, son épouse, amis.

La future épouse assistée d'Augustin-François Prouvansal de St-Hilaire, écuyer, seigneur d'Acoux, officier d'artillerie, son frère. De Charité-Félicité Prouvansal de Gourvilliers, damoiselle, sa sœur. De Jogues Vandebergues de Villebourré, écuyer, secrétaire du Roi, beau-frère, à cause de feue dame Elisabeth Prouvansal de St-Hilaire, son épouse. De damoiselle Geneviève Prouvansal, tante du côté paternel. De Raymond Massuau, ancien maire de cette ville, et Jérôme Massuau de Villiers, ancien président de la Juridiction consulaire de cette ville, oncles du côté maternel. De dame Claude-Charité de Vandebergue, épouse d'Augustin-Clément Massuau de la Borde, écuyer, secrétaire du Roi honoraire, etc., etc.

Ledit sieur *de Vellard* est pris en mariage avec ses biens qui suivent :

1° La terre seigneuriale de Bouchetault, sise en la paroisse de Chaumont en Sologne, acquise de messire André-Hector Pochon, chevalier, seigneur de Beauregard, par Louis Sain, écuyer, seigneur de la Noue et de la Baronnie, comme tuteur dudit sieur de Vellard, le 7 juin 1753, par contrat au rapport de Pompon, notaire à Orléans.

2° La terre de Mozettes, en ladite paroisse de Chaumont, appartenant audit sieur de Vellard comme l'ayant eue en échange de la terre et seigneurie de Châteauvieux, suivant contrat fait entre lui et messire Christophe Pajot, chevalier, seigneur de Marcheval, intendant de Grenoble, devant ledit maître Pompon, le 7 mars 1772.

3° La terre de la Noue, sise en la paroisse de Selles-St-Denis, léguée audit sieur de Vellard par ledit sieur Sain, par son testament du 5 septembre 1758, déposé le 16 mai 1771.

Etc., le tout valant 113,000 livres.

La future reçoit 50,000 livres en dot.

Du 3 juin 1786, acte de foi et hommage rendu par Henri Bezolles, sieur du Luminard, en la paroisse de St-Denis-en-Val, à messire Louis-Gaspard *de Vellard,* chevalier, seigneur de Chaussy, Bouchetault et autres lieux, ancien chevau-léger de la garde du Roi, demeurant ordinairement à son château de Chaussy, pour cause de sa seigneurie de Chaussy en Beauce. Au rapport de Fougeron, notaire à Orléans.

Lettre du Roi qui commet M. Prouvansal de St-Hilaire, ancien capitaine d'artillerie, chevalier de St-Louis, pour recevoir membre de l'ordre *le vicomte de Velard,* ancien officier (Louis-Gaspard) promu par ordonnance royale du 11 septembre 1814.

PROUVANSAL.

I. Jacques *Prouvansal,* contrôleur en l'élection d'Etampes, épousa avant 1600 Marguerite de la Porte, dont :

II. Jacques *Prouvansal* de Vauvert, président en l'élection d'Etampes en 1641, épousa Antoinette Lebret, dont:

III. François-César *Prouvansal,* maire de la ville d'Etampes en 1659 ; avait épousé, en 1653, Marie Godin, dont:

IV. François-René *Prouvansal,* prévôt d'Etampes, épousa en 1688 Marie Legruel, dont :

V. François-César-Henri *Prouvansal* de St-Hilaire, officier des vaisseaux du Roi, chevalier de St-Louis, épousa en 1741 Elisabeth Massuau, dont :

1° Augustin-François, qui suit.

2° N*** *Prouvansal* de St-Hilaire, lieutenant de vaisseau en 1781, non marié.

3° Charité-Félicité *Prouvansal* de Gourvilliers, mariée à Buphilles-Jules Le Duc, écuyer, seigneur d'Allonnes.

4° Elisabeth *Prouvansal* de St-Hilaire, mariée à M. Jogues de Vandebergues de Villebourré, écuyer.

5° Henriette *Prouvansal* de St-Hilaire, mariée en 1775 à Louis-Gaspard *de Vellard*.

VI. Augustin-François *Prouvansal* de St-Hilaire, capitaine d'artillerie, chevalier de St-Louis, épousa le 7 janvier 1779, Antoinette Jogues de Guédreville, dont :

1° Auguste *Prouvansal* de St-Hilaire, membre de l'Institut, mort sans alliance.

2° Casimir *Prouvansal* de St-Hilaire, tué au siége de Sarragosse, non marié.

3° Antoinette-Félicité *Prouvansal* de St-Hilaire, mariée en 1807 à Augustin-Amable-Anne du Tour de Salvert, sous-préfet de Riom, chevalier de la Légion-d'Honneur, dont : François-Casimir-Charles du Tour de Salvert-Bellenave, officier de la marine, marié à Jeanne-Pauline Dervieu de Varcy ; Françoise-Amable du Tour de Salvert, mariée en 1830 à Edmond Aupepin de Lamothe de Dreuzy, capitaine de cavalerie ; Clotilde-Geneviève du Tour de Salvert, mariée en 1837 à Marc-Antoine, comte de Bar ; et Louise-Marie-Casilda du Tour de Salvert, mariée en 1838 à François-Dominique-Charles des Michels du Roc, comte de Brion.

4° Clotilde-Henriette *Prouvansal* de St-Hilaire, mariée en 1811 à Hilaire-Stanislas de Laage de Meux, dont : Antoine-Alexandre Joël de Meux, marié en 1838 à Flore de Grémion ; Antoine-Edouard-Louis de Meux, lieutenant de vaisseau, chevalier de la Légion-d'Honneur, marié en 1852 à Adélaïde de la Taille ; Amable-Anatole de Meux, lieutenant de vaisseau, chevalier de la Légion-d'Honneur, marié en 1857 à Esther Colas des Francs ; Françoise-Marie-Léonie de Meux, mariée en 1836 à Jean-Baptiste-Hippolyte Domet ; Marie-Anne-Elisabeth de Meux, mariée en 1844 à Louis-Alphonse, marquis de Bodinat ; Marie-Charlotte de Meux, mariée en 1846 à Marie-Gabriel-Henri de la Taille ; et Marie-Clotilde-Gabrielle de Meux, mariée en 1851 à Marie-Charles-Henri Pasquier de Lumeau.

La famille PROUVANSAL porte : *d'azur, au cheval cabré d'argent.* La terre de St-Hilaire, ancien prieuré, est à deux lieues d'Etampes.

MASSUAU.

La famille Massuau appartenait au haut commerce d'Orléans : elle a donné deux maires à cette ville, en 1768 et en 1783 ; elle porte : *d'azur à trois mains empoignant chacune une masse posée en barre.*

DU JOUHANNEL.

Du Jouhannel, seigneurs de Jensat et des Clodis, dans la châtellenie de Chantelle, en Bourbonnais, porte : *d'azur, à la couronne accompagnée en chef d'un croissant entre deux étoiles, et en pointe d'un croissant, le tout d'or.*

XIe DEGRÉ.

Du 6 février 1810, au rapport de Cabart et Bottet, notaires à Orléans, contrat de mariage de M. Georges-Camille *de Vélard,* majeur, demeurant à Orléans, avec ses père et mère, fils de Louis-Gaspard *de Vélard* et de dame Henriette Prouvansal de Saint-Hilaire.

(La filiation ascendante du futur comme aux contrats précédents, sauf l'omission des qualités).

Et demoiselle Anne-Honorine *de Hallot,* fille mineure de M. Louis-Joseph de Hallot et de Mme Anne-Thérèse Egrot du Lude, avec lesquels elle demeure à Orléans.

(Suit la filiation ascendante des *d'Hallot,* jusqu'en 1229, et celle des *Egrot* jusqu'en 1550. Nous reviendrons sur ces deux généalogies, mais dans l'ordre inverse).

Le futur assisté de ses père et mère, d'Augustin-François Prouvansal de Saint-Hilaire, son oncle maternel, et de dame Anne-Antoinette Jogues de Poinville, son épouse. De Buphilles-Jules Le Duc d'Allonnes et dame Charité-Félicité Prouvansal de Saint-Hilaire, son épouse, tante maternelle. De dame Anne-Catherine *de Vélard,* veuve de Jean-Baptiste Lambert de Villemarre, tante paternelle. De Marie-Thérèse Boyetet de de Boissy, veuve de Jean-Alexandre Hotman, grande tante paternelle. De Gabriel-François du Jouhannel, beau-frère, et d'Amable du Jouhannel, ami.

La future assistée de ses père et mère ; d'André-Jérôme Egrot du Lude, son ayeul maternel ; d'Anne-Marie-Madeleine Brouilhet de la Carrière, veuve de Louis-Charles de Hallot d'Honville, ayeule paternelle ; de demoiselles Aspasie, Marie et

Coralie de Hallot, sœurs ; de Marie-Anne de Goislons, grande tante maternelle ; d'André-Gaspard-Parfait de Bizemont, et Marie-Catherine de Hallot, son épouse, tante paternelle ; de Daniel-Prix-Germain du Faur de Pibrac, oncle paternel, à cause de défunte dame Angelique-Anne de Hallot, son épouse ; de Edouard du Faur de Pibrac, cousin-germain ; de M. de la Barre et de dame du Faur de Pibrac, son épouse, cousine-germaine ; de demoiselles Adelaïde et Sidonie du Faur, aussi cousines-germaines ; de Louis-Sixte-Gabriel de Bizemont et Angélique-Marie-Cécile de Bizemont, son épouse, cousine-germaine.

DE HALLOT.

La maison de Hallot tire son nom de la terre de Hallot, dans la paroisse de Villiers, au diocèse d'Evreux. Elle porte : *d'argent à deux fasces de sable, surmontées de trois annelets de même en chef.* Elle remonte, par filiation suivie, à Guy *de Hallot ;* seigneur dudit lieu, qui fut inhumé, en 1229, dans l'église de Villiers, où l'on voyait encore au dernier siècle son tombeau et celui de sa femme, Marie de Naufle, morte en 1240.

La généalogie de cette famille a été publiée en détail par La Chesnaye des Bois, dans les deux éditions de son *Dictionnaire de la Noblesse,* in-8° et in-4°. Nous nous bornerons ici à dire qu'elle a formé huit brainches : 1° la branche aînée, des seigneurs *de Hallot,* qui s'est fondue au milieu du XVII° siècle dans la maison de Bresseau, marquis de Maucé ; 2° la branche des seigneurs *d'Auffreville,* sortie de la branche aînée au X° degré, subsistait encore en 1774 ; 3° la branche des seigneurs de *l'Etourville,* en Beauce, sortie de la branche aînée au VI° degré, s'est éteinte en 1765 ; 4° la branche des seigneurs *de Honville,* près de Chartres, sortie de la 3ᵉ branche au Xᵉ degré, la seule que nous ayons à exposer ici; 5° la branche *des Hayes,* sortie de la 4ᵉ branche au XIᵉ degré, s'est établie en Piémont ; 6° la branche des seigneurs *de Mérouville,* en Beauce, sortie de la 3ᵉ branche au IXᵉ degré, subsistait encore en 1767 ; 7° la branche *de Goussonville,* sortie de la 3ᵉ branche au VIIIᵉ degré, s'est fondue dans la branche *d'Auffreville* vers 1690 ; 8° la branche *de Ponthus,* au Perche, dont l'attache n'est pas exactement connue, s'est éteinte vers 1700.

XI. François *de Hallot*, écuyer, seigneur de Honville, paroisse de Boisville-la-Saint-Père, près Chartres, épousa en 1577, Elisabeth du Plessis, dont : Paul, qui suit, et Louis, qui a fait la branche des seigneurs des Hayes.

XII. Paul *de Hallot,* écuyer, seigneur de Honville, épousa en 1600, Marie du Plessis, sa cousine, dont :

XIII. Louis Iᵉʳ, *d'Hallot,* écuyer, seigneur de Honville, épousa en 1624, Marie-Blanche, veuve de Claude de Gyvès, dont :

XIV. Louis II *de Hallot,* écuyer, seigneur de Honville, épousa en 1674, Marguerite Bouchault de Champrenault, dont :

XV. Louis III *de Hallot*, chevalier, seigneur de Honville, épousa en 1713, Catherine Lévêque de Grandmaison, fille de Charles Lévesque de Grandmaison et de Catherine Egrot, dont :

XVI. Louis-Charles, marquis *d'Hallot*, seigneur d'Honville, page de la Reine, épousa Anne-Marie-Madeleine Brouilhet de la Carrière, par contrat passé devant Lesellier, notaire à Chartres, le 21 novembre 1746. De ce mariage vinrent :

1° Louis-Joseph, qui suit.

2° Angélique-Anne *d'Hallot*, mariée en 1784, à Daniel-Prix-Germain du Faur, comte de Pibrac, dont :

A. Edouard-Gui-François-Pierre du Faur, comte de Pibrac, né le 10 décembre 1785, chevalier de la Légion-d'Honneur, épousa en 1811 Adélaïde Crignon des Montées, dont il a eu trois fils ; Germain-Philippe-Anatole du Faur, comte de Pibrac, marié en 1842 avec Claire de Pont de Rennepont, dont il a trois fils : Gui-Théobald-Prix-Léopold du Faur, vicomte de Pibrac, marié en 1842 avec Léontine de Prat, dont il est veuf sans postérité ; Louis-Etienne-Alexandre-François-Guillaume du Faur, baron de Pibrac, officier supérieur de cavalerie, chevalier de la Légion-d'Honneur, mort en 1866, avait épousé en 1844 Natalie de la Mérie, dont il a laissé un fils unique.

B. Modeste-Eugénie-Edmée-Elise du Faur de Pibrac, mariée en 1808 avec Jean-Baptiste, chevalier de la Barre, dont la postérité est rapportée aux preuves du XIIIe degré ci-après.

C. Anne-Marie-Louise-Alexandrine du Faur de Pibrac, née le 27 septembre 1788, mariée le 9 février 1813 avec Armand-Joseph, vicomte de Sailly, dont elle a eu une fille unique : Marie-Germaine-Caroline de Sailly, marié le 27 avril 1840 à Théodore-Gabriel-Benjamin-Charles de Cornulier-Lucinière.

D. Éléonore-Clémentine-Clotilde-Sidonie du Faur de Pibrac, née le 5 octobre 1791, mariée le 28 mai 1817 à Jean-François de Toustain de Fortemaison, ancien officier de l'armée de Condé, chevalier de St-Louis, dont elle a eu deux filles : Henriette de Toustain, mariée en 1841 à Alexandre Fresnais de Lévin, dont elle est veuve sans postérité ; et Marie de Toustain, mariée en 1839 à Alphonse Baudenet d'Annoux, dont elle a un fils.

3° Marie-Catherine *d'Hallot*, mariée à André-Gaspard-Parfait, comte de Bizemont, dont :

A. Adrien, comte de Bizemont, épousa en 1809 Thérèse-Aglaé Duteil de Noriou, dont il a eu un fils et deux filles : André, comte de Bizemont, marié en 1837 avec Louise-Félicité-Alexandrine de Monspey, dont postérité ; Athénaïs de Bizemont, mariée à Antoine-Marie-Ferdinand Maussion de Candé, contre-amiral, grand officier de la Légion-d'Honneur, dont elle est veuve sans enfants ; Aurélie de Bizemont, mariée à Théodore de Sailly, sans postérité.

B. Angélique-Marie-Cécile de Bizemont, mariée avec Louis-Sixte-Gabriel, comte de Bizemont, son cousin germain, dont elle a eu un fils et deux filles : Alfred de Bizemont, marié avec demoiselle du Houx de Gorrhey, de la maison du maréchal de Vioménil, dont postérité ; Caroline de Bizemont, mariée à Antoni Louet de Terrouenne, dont postérité ; et Adrienne de Bizemont, mariée au vicomte Charles de Gourey, écuyer, cavalcadour de la duchesse de Berry, dont postérité.

XVII. Louis-Joseph, marquis *d'Hallot,* seigneur d'Honville, épousa le 26 mai 1787, Anne-Thérèse Egrot du Lude, dont il eut quatre filles :

1° Anne-Honorine *de Hallot*, mariée le 6 février 1810, à Georges-Camille, comte *de Vélard.*

2° Aspasie *d'Hallot*, mariée en 1811, avec Pierre de Bengy de Puyvallée, dont il a eu onze enfants :

Marie-Louis-Camille de Bengy, né en 1814, marié : 1° à demoiselle Loury du Pin, 2° à Marie Baguenault de Viéville, dont postérité ; Henri-Pierre-Marie de Bengy, né en 1820, marié à Caroline Rocheron d'Amoy, dont postérité ; Jean-Charles-Ferdinand de Bengy, né en 1822, marié à Stéphanie de Bengy, sa cousine ; Charles-François-Marie de Bengy, né en 1825, marié à demoiselle de Thoury ; Alfred de Bengy, marié à Alix Seurrat de Moret ; Albert de Bengy, marié en 1858 à Edith Rerthier de Grandry ; Marie-Delphine de Bengy, née en 1812, mariée en 1841 à Armand-Henri-Louis d'Argence ; Marie-Amélie de Bengy, née en 1827, mariée à Gustave Rocheron, vicomte d'Amoy ; Joséphine, Octavie et Caroline de Bengy de Puyvallée, sans alliances.

3° Eulalie *d'Hallot*, mariée à Alexandre-Pierre-Marie Crespin, comte de Billy, dont un fils et une fille :

Gonzalve Crespin de Billy, mort en 1859, avait épousé Elisabeth

Chastenet de Puységur, dont il a laissé postérité ; Louise Crespin de Billy, mariée en 1843 à Jean, baron de Witte, chevalier du Lion Néerlandais, dont postérité.

4° Coralie-Julie *d'Hallot*, mariée en 1826, à Auguste-Louis-Jean Pantin, comte de Landemont, capitaine dans la garde royale, dont un fils unique :

> Alfred-Louis-Théobald Pantin, comte de Landemont, marié en 1855 avec Marie-Augustine-Marthe de Riencourt, dont il a un fils.

BROUILHET.

La famille *Brouilhet de la Carrière*, ancienne dans le pays Chartrain, porte : *d'or à la fasce d'azur, chargée d'une croix de Saint-André d'argent, et accompagnée de trois roses de gueules.*

Anne-Marie-Madeleine Brouilhet de la Carrière, mariée au marquis d'Hallot, avait deux sœurs qui avaient épousé, l'une M. Nicolle, l'autre M. de Montaigu, et qui n'ont point laissé de postérité. Elle avait aussi deux frères : l'un, Elie-Mille-Robert de la Carrière, capitaine des dragons, chevalier de Saint-Louis, ne s'est pas marié ; l'autre, Elie-Charles Brouilhet de la Carrière de Léville, né en 1767, gentilhomme de la chambre du Roi, chevau-léger de sa garde, mort en 1854, épousa Marie Guéau de Reverseaux, dont il eut :

> 1° Charles Brouilhet de la Carrière, père d'Herminé de la Carrière, mariée à M. de Favernay, officier aux dragons de la garde royale, dont une fille qui a épousé Edouard de Monti, comte de Rezé, attaché à la personne du comte de Chambord.
>
> 2° Anne-Marie-Antoinette Brouilhet de la Carrière, mariée

en 1787 à Nicolas-Denis, vicomte de Cacqueray de Saint-Quentin, dont elle a eu : Edouard-Pierre de Cacqueray, marié en 1816 avec Louise-Charles de Malmain ; Antoinette - Caroline de Cacqueray, mariée en 1712 à Gui Porlier, comte de Rubelles ; et Henriette-Théodore-Joséphine de Cacqueray, mariée en 1813 à Antoine-Amédée, comte d'Espinay de Saint-Luc, depuis capitaine aux grenadiers à cheval de la garde royale, dont cinq garçons.

EGROT.

La famille Egrot, originaire de Cosne-sur-Loire, porte : *d'azur au chevron d'or; accompagné de trois paons d'argent.* Le chanoine Hubert a donné sa généalogie depuis 1550, époque à laquelle Maurice Egrot, écuyer, seigneur d'Hurdis, conseiller d'Henri de Bourbon, prince de Condé, 1er prince du sang, vient s'établir à Orléans, à cause de la charge de conseiller au présidial de cette ville, dont il fut revêtu, et qui demeura héréditaire dans sa postérité. Cette famille s'est alliée aux Beauharnais et aux Philippeaux de Pont-Chartrain.

VII. Jérôme *Egrot,* écuyer, seigneur du Lude, en Sologne, conseiller au présidial d'Orléans, épousa en 1647, Françoise Amiard, dont :

VIII. Jérôme *Egrot,* capitaine des chasses du duc d'Orléans, épousa en 1702, Marie-Marguerite Laisné de Sainte-Marie, dont :

IX. Jérôme-Jean *Egrot,* seigneur du Lude, trésorier de France à Orléans, épousa en 1730, Angélique de Beausse de la Touche, dont un fils et deux filles, qui suivent :

1° André-Jérôme *Egrot,* né en 1732, seigneur du Lude,

officier des mousquetaires gris, chevalier de Saint-Louis, épousa en 1767, Thérèse-Henriette de Goillons de l'Espère, dont une fille unique :

Madeleine-Anne-Thérèse *Egrot*, dame du Lude, mariée à Louis-Joseph, marquis *de Hallot*.

2° Elisabeth *Egrot*, mariée en 1751, à Jean-François de la Taille, chevalier, seigneur de Trétinville, capitaine au régiment de la marine, dont trois fils :

A. Alexandre-César de la Taille, né en 1757, officier au régiment de la marine, épousa Anne-Elisabeth Guéau de Reverseaux, fille du marquis de Reverseaux, intendant du Bourbonnais, dont une fille unique : Hermine-Elisabeth-Stéphanie de la Taille, mariée en 1839, au baron Amédée de Lesparda, lieutenant-colonel d'infanterie de marine.

B. Achille-Hector de la Taille, né en 1760, épousa demoiselle de Selve, dont une fille unique, Joséphine de la Taille, mariée au baron Auguste de Rey, qui n'a lui-même laissé qu'une fille mariée au vicomte de Barral.

C. Timoléon de la Taille, né en 1767, officier de la marine royale, épousa demoiselle de Longueau de Saint-Michel, dont Frédéric de la Taille, marié en 1841, avec demoiselle Guyon de Montlivault; dont deux fils, Henri et Timoléon ; Henry à épousé mademoiselle de Neuilly.

3° Julie-Thérèse-Félicilité *Egrot,* née en 1738, mariée en 1756, à Charles Cuvier, chevalier, seigneur de la Bussière, gentilhomme ordinaire de la chambre du Roi, capitaine de cavalerie, chevalier de Saint-Louis, dont deux fils et deux filles qui n'ont point laissé de postérité.

DE GOILLONS.

La famille de Goillons, originaire d'Orléans, est d'extraction noble ; ses premiers degrés, au XVIe siècle, sont qualifiés *Noble homme,* mais elle s'adonna au commerce dans le siècle suivant et le pratiqua durant cinq générations consécutives sous le nom de *Goillons-Vinot* et plus souvent sous celui de *Vinot* tout seul. A raison de ce dernier sobriquet, le juge d'armes lui attribua, en 1696, pour armes parlantes : *d'azur à cinq grappes de raisin d'or posées en sautoir, accompagnées de quatre limaçons d'argent :* on ne lui en connaît point d'autres.

Un arrêt du conseil d'état, du 22 avril 1755, reconnaît que François *de Goillons,* officier de la maison du Roi, fils de défunt Simon *de Goillons,* dit *Vinot,* négociant à Orléans, avait pour vrai nom de famille celui de GOILLONS ; le nom de *Vinot* étant un sobriquet dont son père et ses ancêtres immédiats se servaient dans leurs affaires de commerce pour plus de facilité et par abréviation.

Par contrat du 9 février 1767, passé à Orléans, Thérèse-Henriette *de Goillons,* fille mineure de N. H. François *de Goillons,* seigneur de l'Espère, près d'Orléans, officier de la maison du Roi, et de Anne-Marie Bellenger, épousa André-Jérôme *Egrot* du Lude, écuyer, mousquetaire de la 1re compagnie de la garde du Roi et trésorier de France au bureau d'Orléans.

Thérèse-Henriette *de Goillons,* n'avait qu'une sœur, Anne *de Goillons,* qui est morte sans alliance.

DE LA VILLE DE BAUGÉ.

D'argent à la bande de gueules.

St–Allais a donné la généalogie de cette famille, qui remonte par filiation suivie à l'an 1230, et elle a été reproduite par Beauchet-Filleau dans son *Dictionnaire des familles de l'ancien Poitou,* mais tous les deux ont omis la branche des seigneurs de Baugé.

XI. Pierre *de la Ville* de Férolles, chevalier, seigneur de Férolles sous la vicomté de Thouars, assista à l'assemblée de la noblesse convoquée à Laon en 1557 ; se trouva au siège de Calais en 1558, à la défense de Poitiers contre les Huguenots en 1567 et 1569 ; accompagna le duc d'Anjou à la bataille de Moncontour et aux sièges de Tiffauges et de Montaigu. Ce fut à cette époque que son château de Férolles fut pillé par l'armée de Coligny et que la plus grande partie des titres de sa maison fut perdue ou détruite, ainsi qu'il est dit dans les lettres patentes de confirmation de noblesse accordées à son fils Nicolas par le roi Henri IV, au mois d'août 1593. En 1574, il suivit Louis de Bourbon aux sièges de la Forest-sur-Sèvre, de Marans, de Fontenay-le-Comte et de Lusignan ; et se trouva, en 1577, au siège de Melle en qualité de lieutenant de la compagnie d'ordonnance du vicomte de Thouars. Rendit hommage au vicomte de Thouars, en 1575, pour sa terre de Férolles, et mourut en 1584. Il avait épousé à Paris, vers 1550, Jeanne Le Maître, dont :

1° Nicolas *de la Ville,* dit le capitaine Férolles, homme d'armes de la compagnie d'ordonnance du Roi en 1585, servit aux sièges de Cahors, de Talmont, de Fontenay, de Paris et d'Amiens ; se trouva aux batailles d'Arques, d'Ivry et de Fontaine-Françoise ; assista aux prises de Chemillé, de Mirebeau et de Montmorillon. Ses services personnels et l'ancienneté de sa race sont rappelés dans les lettres de reconnaissance de noblesse que lui accorda Henri IV en 1593, lettres qui furent confirmées par Louis XIII en 1610 et enregistrées à la cour des Aides par arrêt du 9 juillet 1612. Il fut maintenu noble en Poitou en 1624, et mourut en 1626. Il est l'auteur des marquis de Férolles et des marquis des Dorides.

XII. 2° François *de la Ville,* écuyer, seigneur de Lardillier et de Baugé, avocat du Roi en l'élection de Thouars, fut surpris au château de Férolles, le jour de la St-Lucas 1597, par une troupe de ligueurs de Mirebeau qui le massacrèrent. Deux de ses assassins, Beauverger et Plumet, furent exécutés au gibet de Saumur et leurs têtes exposées sur une des tours du château de Férolles. François *de la Ville* avait épousé par contrat du 2 novembre 1577 Catherine Bodin, fille de Nicolas Bodin, seigneur de Missé, dont :

1° Jean, qui suit.

2° Pierre *de la Ville,* écuyer, sieur de Baillargère, des Bournais, etc., homme d'armes de la compagnie de Monsieur, frère du Roi, épousa le 15 novembre 1630 Marguerite Gauvin de la Gauvinière.

. XIII. Jean *de la Ville,* écuyer, seigneur de Lardillier et de Baugé, lieutenant-général du duché-pairie de Thouars, et premier capitaine de la ville ; épousa le 17 novembre 1615 Françoise de Falloux, fille d'Uriel de Falloux, seigneur de la Roche d'Argenton, avec dispense du Pape pour le degré de parenté, dont :

1° Uriel, qui suit.

2° Ignace *de la Ville,* seigneur de Lardillier et de Jussay, épousa le 16 novembre 1644 Catherine Chabert, dont il n'eut qu'une fille, Charlotte-Françoise *de la Ville*, mariée à son cousin germain Pierre-François de la Ville.

3° Deux filles mariées et une religieuse.

XIV. Uriel *de la Ville,* écuyer, seigneur de Baugé, né en 1620, premier capitaine et sénéchal de Thouars, maintint, pendant les troubles de la Fronde, l'autorité du Roi dans le duché, détruisit les bandes armées qui infestaient le pays ; défendit la ville contre le sire de Beaumont-Irland, qui voulait s'en emparer et le força de lever le siège en 1649, ce dont il fut félicité par lettres de Louis XIV. Fut confirmé dans sa noblesse par lettres patentes de 1671 et se démit de ses charges en faveur de son fils aîné le 2 janvier 1681. Il avait épousé en 1res noces, le 12 mai 1642, Louise Ralleau de Launay, dont il n'eut pas d'enfants. Le contrat, passé à Thouars, est signé de Louis de la Trémoille et de Pierre *de la Ville* de Férolles, curateur du futur. Il épousa en 2mes noces, le 31 décembre 1645, Marie Robin de Lourcellière. Le contrat, passé à Parthenay, est signé du maréchal de la Meilleraye, de Marie de Cossé, etc. Du second lit vinrent :

1° Pierre-François, qui suit.

2° Uriel-Jouin *de la Ville,* prieur commendataire de St-Pierre-de-Langon, au diocèse de la Rochelle, en 1645.

3° François *de la Ville,* sieur du Portault, né en 1661, épousa à Paris, le 18 novembre 1697, Marie Deschamps.

4° Charlotte *de la Ville,* mariée en 1693 à Jacques de Sissez, morte sans enfants.

5° François-Jacques *de la Ville,* jésuite, dit *le Père de la Ville.*

6° René *de la Ville*, aussi jésuite, dit *le Père de Baugé*.

7° Ignace *de la Ville,* seigneur de Barran, officier de la marine, mort sans postérité en 1692.

XV. Pierre-François *de la Ville,* chevalier, seigneur de Baugé, né le 18 avril 1647, sénéchal et maire de Thouars, épousa : 1° sa cousine germaine Charlotte-Françoise *de la Ville,* comme on l'a déjà dit plus haut ; 2°, le 10 février 1688, Henriette Le Blanc.

Du 1ᵉʳ lit :

> Madeleine-Angélique *de la Ville,* mariée le 24 novembre 1710 à René-Charles de la Haye-Montbeau, chevalier, seigneur de Vieille-Lande.

Du 2ᵉ lit :

> 1° Pierre-Henri-Madeleine, qui suit.
>
> 2° François-Louis *de la Ville* de la Gibandière, prieur commendataire de St-Pierre de Langon.
>
> 3° Henriette-Françoise *de la Ville*, mariée à Henri de Monbielle, chevalier, seigneur d'Hus.
>
> 4° Madeleine-Françoise-Yolande *de la Ville*, mariée à Salomon Godouin.

XVI. Pierre-Henri-Madeleine *de la Ville,* chevalier, seigneur de Baugé, né le 11 mars 1696, n'avait que seize ans lorsqu'il perdit son père. Salomon Godouin, son beau-frère, exerça pour lui sa charge héréditaire de sénéchal du duché-pairie de Thouars jusqu'en 1726. Il épousa, au mois de janvier 1727, Marie Le Comte, dont il eut :

> 1° Pierre-Alexandre-Henri, qui suit.
>
> 2° Jean-Baptiste-Alexandre *de la Ville*, né en 1741, directeur

des tabacs à Paris, épousa, en 1771, Louise Hainault, dont il eut deux filles et un fils mort sans postérité.

3° Henriette-Marie *de la Ville*, née en 1730, mariée à Jean-Louis de Vielban, seigneur de Varannes, officier de la grande Fauconnerie.

4° Marie-Anne *de la Ville*, mariée à Joseph de Vielban, seigneur de la Garenne.

XVII. Pierre-Alexandre-Henri *de la Ville*, seigneur de Baugé, né le 20 août 1734, maire de Thouars, épousa Madeleine Harcher, dont :

1° Pierre-Louis, qui suit.

2° Marie-Perrine *de la Ville*, mariée à M. Orré du Plessis.

XVIII. Pierre-Louis *de la Ville de Baugé*, né le 24 février 1764, se destinait à la magistrature lorsqu'éclata la révolution. Il quitta Paris après le 10 août et vint rejoindre l'armée vendéenne à Thouars. Entra comme officier dans la division de Lescure, fut nommé major de cette division, le 18 mai 1793, après le combat de la Châtaigneraie ; se distingua à la prise de Saumur ; fut nommé membre du conseil de guerre dirigeant les opérations de l'armée le 10 juin ; commanda le corps d'observation de Pouzanges le 20 septembre, et se fit remarquer à la bataille de Chollet. Après le passage de la Loire, fut nommé général en second de la division d'Anjou ; commandait l'artillerie aux batailles de Laval, d'Antrain et de Dol. Après la mort de Marigny, son ami, il refusa tout commandement et ne voulut plus combattre que comme volontaire jusqu'à la pacification. Fut nommé chevalier de St-Louis le 7 novembre 1814, et prévôt de Dijon le 27 mars 1816. Il est mort le 16 octobre 1834.

Il avait épousé, le 11 septembre 1796, Caroline-Bibienne Garnier de Farville, dont un fils unique.

XIX. Benoit-Pierre-Jules *de la Ville de Baugé*, né le 30 octobre 1797, chevau-léger en 1814, capitaine adjudant-major au 1er régiment des grenadiers à cheval de la garde royale, démissionnaire par refus de serment en 1830. Il a épousé, le 26 mars 1829, Louise-Madeleine *de Vélard*, dont il a eu deux fils :

1° Marie-Camille-Théodore *de la Ville de Baugé*, né le 14 mars 1830, épousa en 1856 Louise-Marie-Alexandrine Clément de Blavette. Il est mort en 1864, laissant un fils.

2° Gabriel-Marie *de la Ville de Baugé*, né le 28 juin 1836, a épousé en 1859 Louise-Aldegonde de Lépine, dont il a postérité.

XIIe DEGRÉ.

Du 21 avril 1838, au rapport de Rue, notaire à Châteauroux, contrat de mariage de Geòrges-Camille, *vicomte de Vélard*, fils majeur de Georges-Camille, *comte de Vélard*, et d'Anne-Honorine de Hallot, demeurant à Orléans, d'une part ; avec demoiselle Aline-Casimire-Eugénie *de Montbel*, fille mineure de Louis-Joseph, comte de Montbel, chevalier de la Légion-d'Honneur, ancien député et ancien membre du conseil-général du département de l'Indre, et de dame Marie-Aglaé-Tranquille *de Vassan*, demeurant au château de Poiriers, commune de Pellevoisin, canton d'Ecueillé, département de l'Indre.

En présence, du côté du futur époux, de M. Alexandre-Pierre-Marie Crespin de Billy, chevalier de la Légion-d'Honneur, demeurant à Billy, canton de Selles, arrondissement de Romorantin, mandataire de dame Anne-Thérèse Egrot du Lude, veuve de Louis-Joseph, marquis d'Hallot, demeurant à Orléans.

De Benoit-Pierre-Jules de la Ville de Baugé, et de Louise-Madeleine *de Vélard,* son épouse, beau-frère et sœur du futur
époux ; de Gonzalve-Alexandre de Crespin de Billy, fils, cousin.

Et du côté de la future épouse : de madame Aglaé-Eugénie-
Louise de Montbel, épouse de Paulin-Joseph Roussel, marquis
de Courcy, avec lequel elle demeure au château de Clérault,
commune de Sully-la-Chapelle (Loiret), sa sœur germaine ; de
Mlle Charlotte-Gabrielle-Louise de Montbel, son autre sœur,
demeurant à Poiriers ; de Charles-Joseph, vicomte de Montbel,
et de dame Marie-Adrienne-Jenny Crublier de Fougères, son
épouse, demeurant aussi à Poiriers, frère et belle-sœur de la
future épouse ; de Benjamin-Casimir-Zacharie, marquis de
Vassan, demeurant à Orléans, son oncle maternel ; de Marie-
Maurice de Courcy, neveu de la future ; de Louis-Edmond-
François, vicomte de Menou, demeurant au château du Mez,
commune de Pellevoisin, cousin à un degré éloigné.

En présence encore de Louis-Charles-Alphonse Savary, marquis de Lancosme, et de Joseph-Adrien-Madeleine-Françoise
Babin, comte de Lignac, témoins instrumentaires.

DE MONTBEL.

La famille de Montbel, originaire de Savoie, porte : *d'or au
lion de sable, langué et onglé de gueules, à la bande componée
d'hermines et de gueules de six pièces, brochant sur le tout;*
d'Hozier en a donné une généalogie détaillée dans le Ve registre
de l'*Armorial de France.*

Dès le commencement du XIe siècle, elle possédait les comtés
souverains de Montbel et d'Entremonts, en Savoie, mais la filiation prouvée ne commence qu'à Philippe *de Montbel,* marié

en 1087, avec Lucrèce de Lascaris, de la maison impériale de
Constantinople, croisé en 1096, et tué à l'assaut d'Antioche.
Hugues *de Montbel,* son fils, était un des chefs de la croisade
de 1100. Georges, petit-fils de Hugues, sire de Montbel et
d'Entremonts, épousa, en 1219, Léonore de Ventimille, fille de
Guy, comte de Ventimille, et d'Eléonore de Savoie, dont il eut
Geoffroy, archevêque de Montréal en Sicile, en 1265, et Guil-
laume *de Montbel,* croisé avec Saint-Louis en 1248.

Guillaume, *sire de Montbel et d'Entremonts,* exécuteur tes-
tamentaire d'Aymon, comte de Savoie, en 1343, et de Marguerite de Savoie en 1356 ; conseiller d'état d'Amé V, assista à son
mariage avec Jeanne de Bourgogne en 1347, et à divers traités
de paix que ce prince fit avec ses voisins. Il épousa en 1325,
Marguerite de Joinville, fille de Guillaume, 1er baron de Champagne, et de Jeanne de Savoie.

Louis, duc de Savoie, érigea les terres et seigneuries d'Entremonts et de Montbel en titre de comté, par lettres données
à Chambéry, le 20 novembre 1457, en faveur de Jacques *de
Montbel,* chambellan du Dauphin et le sien.

Jacques *de Montbel,* épousa en 1486, Jeanne de Ste-Maure,
fille de Charles, comte de Nesle et de Bénon, et de Catherine
d'Estouteville, dont il eut : Charles, *comte de Montbel,* et
d'Entremonts, grand écuyer de Savoie, épousa en 1517,
Madeleine d'Asterac, veuve de François de Bretagne, baron
d'Avaugour, comte de Vertus ; et Françoise *de Montbel,* mariée en 1518, en présence de l'empereur Charles-Quint,
à Charles de Lannoy, général de ses armées en Italie, grand
maître d'Espagne, chevalier de la Toison-d'Or, et vice-roi
de Naples.

Sébastien, *comte de Montbel* et d'Entremonts, baron de
Montelier, chevalier de l'Annonciade, chevalier d'honneur de
la reine Eléonore d'Autriche, seconde femme de François 1er,

fut le dernier mâle de la branche aînée. Il avait épousé, en
1539, Beatrix Pacheco, fille de Jean, duc d'Ascalona, grand
maître de l'ordre de St-Jacques, dont il n'eut qu'une fille :

Jacqueline *de Montbel,* comtesse d'Entremonts et de Montbel,
marquise de Montelier et de Saint-André-de-Briord, baronne
de Nattage, dame de Saint-Mauris et de Chanves, épousa :
1° Claude de Batarnay, fils de René, comte du Bouchage, baron
d'Anthon, et d'Isabelle de Savoie, dont elle n'eut pas d'enfants,
et qui fut tué à la bataille de Saint-Denis. Elle convola, en
1571, avec Gaspard, comte de Coligny, amiral de France,
dont elle eut une fille unique : Béatrix de Coligny, qui porta
en mariage tous les biens de la branche aînée de la maison
de Montbel à Claude-Antoine Bon, baron de Meuillon et de
Montauban, grand chambellan de Savoie, dont la postérité
prit le nom *de Montbel.*

XIV. Le premier qui s'établit définitivement en France, fut
François *de Montbel,* capitaine pour le duc de Savoie des
châteaux, forêts et seigneuries de Flex et de Mondon, dans la
paroisse de Maillac, près de Montmorillon, sur les confins du
Poitou et du Limousin. Il avait été envoyé là, vers 1500, comme
gouverneur d'un prince de la maison de Savoie, que l'on avait
relégué dans la tour de Mondon pour aliénation d'esprit, et qui
y mourut. En 1668, le tombeau de ce prince se voyait encore
dans l'église de Maillac. Ce François *de Montbel* était fils de
Charles *de Montbel,* chevalier, seigneur de Montelier et de
Chanves, et d'Antoinette d'Oncieux, sa seconde femme, et
petit-fils de Guillaume, *sire de Montbel* et d'Entremonts.
François *de Montbel* laissa, entre autres enfants, de Françoise
Vergnaude, sa femme :

XV. Jean *de Montbel,* écuyer, seigneur de Champéron dans
la paroisse de Lussac-les-Eglises, en Poitou, et de la Tasche,
paroisse de Maillac, capitaine pour le duc de Savoie des sei-

gneuries de Fleix et de Cadré en 1526, homme d'armes des
ordonnances du Roi en 1536 ; épousa Françoise de Bridiers,
dont il eut :

XVI. Guillaume *de Montbel,* écuyer, seigneur de Champéron
et de la Tasche, épousa en 1558, Gillonne Pot, de la maison de
Rhodes, dont il eut :

> 1° Jacques *de Montbel*, écuyer, seigneur de la Tasche, exempt
> des gardes du corps du Roi en 1606, puis écuyer de sa
> grande écurie en 1613 ; fut maintenu dans sa noblesse en
> 1599, par ordonnance des commissaires de la généralité de
> Tours. Ses descendants ont continué la branche de la
> Tasche qui s'est éteinte postérieurement à 1761, après
> avoir donné des officiers aux gardes du corps du Roi et à
> l'armée, des pages, des gardes de la Manche et des cheva-
> liers de Saint-Louis ; et avoir été maintenue à l'intendance
> de Berry, en 1669 et en 1715.

XVII. 2° Robert *de Montbel,* chevalier, seigneur de Champéron, d'Iseure en Touraine et de Fontarcher, sergent-major de
la ville de Rouen, en 1595, gentilhomme ordinaire de la chambre
du Roi en 1596, gouverneur de Seurre, en Bourgogne, en 1598,
chevalier de Saint-Michel en 1608, pensionné de 2,000 livres
en 1629, épousa en 1598, Anne de l'Age, dont :

> 1° Baptiste-Roger *de Montbel*, chevalier de Malte en 1631.

> 2° Antoine, seigneur de Champéron et de Poiriers, qui suit.

> 3° René *de Montbel*, chevalier, seigneur d'Iseure, capitaine
> au régiment de la marine, secrétaire de la Noblesse de
> Touraine aux assemblées de 1642 et de 1652 ; maintenu à
> l'intendance de Tours en 1668, avait épousé en 1628,
> Marie Fumée, de la maison des Roches, dont il eut :

>> A. François *de Montbel*, capitaine au régiment d'Humières,
>> marié avec Polixène de Préaux, dont : Roger, abbé de la

Mercy-Dieu, au diocèse de Poitiers; Marguerite, abbesse de N. D. de Mouchy, près Compiègne en 1711; et Madeleine, mariée en 1693 à Hugues de Moussy.

B. Louis *de Montbel*, seigneur d'Iseure, enseigne de la compagnie des gentilshommes *au bec de Corbin*, capitaine de cent chevau-légers, épousa à Poitiers, en 1669, Jeanne Dreux, dont :

Roger *de Montbel*, seigneur d'Iseure, épousa en 1716 Sylvie-Henriette de Roquefeuil, dont : Jean-Roger, Constant, Claude-Hémon et Félix-Florentin ; tous les quatre capitaines au régiment de Talaru ; Louis, capitaine au régiment de Mailly, tué à la bataille de Rocoux en 1746 : Antonin-Louis-Martin, officier dans les troupes de la compagnie des Indes, mort à Pondichery en 1761 ; Charles-Henri, religieux de Cluny ; et Silvine-Henriette, ursuline, Toute cette lignée est aujourd'hui éteinte.

C. Charles *de Montbel*, comte de Méré, commissaire ordinaire de l'artillerie, épousa en 1684, Louise Savary, fille du baron de Lancosme, dont elle a eu sept enfants : deux filles ont été religieuses ; deux garçons sont entrés dans les ordres ; deux autres ont été capitaines dans l'armée ; un seul s'est marié :

Armand *de Montbel*, comte de Méré et de Traverzé, épousa en 1727 Cécile-Françoise de Bessay-Luzignan, dont : Françoise-Suzanne *de Montbel*, mariée en 1753 à Jacques-Timoléon de Conty, marquis d'Argicourt.

XVIII. Antoine *de Montbel*, chevalier, seigneur de Champéron et de Poiriers, en Berry, épousa en 1647, Charlotte de Menou, dont il eut :

XIX. René *de Montbel*, chevalier, seigneur de Champéron et de Poiriers, épousa à Paris, en 1685, Marie-Anne des Pierres de la Tremblaye, dont il eut deux fils : Jules-Henri, qui suit ; et Henri-François, dit le chevalier de Champéron, maréchal de camp en 1744, commandeur de Saint-Louis en 1746, mort sans alliance en 1760.

XX. Jules-Henri *de Montbel,* chevalier, seigneur de Champéron, en Poitou, de Poiriers, en Berry, de Laugère-St-Marc, en Bourbonnais, etc., lieutenant-colonel du régiment de Noailles-Duc, cavalerie, en 1732, chevalier de Saint-Louis, mort à Laugère, en 1742, épousa en 1715, Susanne Gaulmyn, morte en 1759, fille de Jean Gaulmyn, écuyer, seigneur de Beauvoir et de Laly, et d'Elisabeth de Culant, dont :

XXI. René-François *de Montbel,* chevalier, seigneur de Champéron, de Laugère-St-Marc, de Poiriers, Wilgour, etc., né à Moulins, en Bourbonnais, le 13 novembre 1716, reçu page du Roi en sa petite écurie, le 13 novembre 1730, capitaine au régiment de Noailles, cavalerie, en 1735, aide maréchal général des logis de cavalerie dans l'armée d'Italie, en 1747 et 1748 ; chevalier de Saint-Louis et mestre de camp de cavalerie en 1749; lieutenant-colonel du régiment de Noailles en 1758, enseigne de la 1re compagnie des gardes du corps du Roi du 17 janvier 1759, brigadier des armées du Roi en 1761, lieutenant des gardes du corps et sous-gouverneur des enfants de France, en 1764, maréchal-de-camp le 16 avril 1767 ; viguier du Capzir et du Conflans en Roussillon. Obtint par lettres patentes du mois d'avril 1770, enregistrées au présidial de Châtillon-sur-Indre, le 7 juin suivant, au parlement de Paris, le 26 juillet et à la chambre des comptes, le 22 août 1770, l'érection de la terre et seigneurie de Palluau, en Berry, en titre de comté, sous le nom de *Montbel,* tant pour lui que pour ses enfants et descendants, *mâles et femelles,* en légitime mariage, seigneurs et propriétaires dudit comté de Montbel.

René-François, *comte de Montbel,* fut nommé premier maître d'hôtel de la comtesse d'Artois, le 26 septembre 1773, et mourut à Versailles le 27 mars 1780. Par permission expresse du Roi, il fut inhumé dans l'église royale de N. D. de cette ville. Il avait épousé à Moulins, par contrat du 19 février 1745, Antoinette-

Gabrielle Farjonel, morte le 3 brumaire an III, fille de Gilbert Farjonel, écuyer, seigueur d'Auterive, et de Gabrielle-Suzanne Le Noir, de la famille de M. Le Noir, lieutenant général de la police sous Louis XVI. De ce mariage vinrent :

1° Jules-Gilbert *de Montbel*, qui suit.

2° Gabrielle-Elisabeth-Françoise *de Montbel*, née à Paris le 18 janvier 1746, mariée à Paris, par contrat du 11 janvier 1768 à Charles, marquis de Moustier, seigneur de Bournel, Enbry, etc; mestre de camp de cavalerie, major du régiment d'Artois, dont un fils mort âgé de trois semaines, en 1771, et une fille mariée à Jean-Armand-Marie du Lau, marquis d'Allemand, morte sans enfants en 1818.

3° Elisabeth-Menoult *de Montbel*, dame de Laugère, née à Poiriers le 26 novembre 1763, morte sans enfants le 16 mars 1786,

XXII. Jules-Gilbert *de Montbel,* comte de Montbel, né à Paris le 27 août 1748, page de la Dauphine en 1762, viguier du Capzir et du Conflans, gouverneur de Bar-sur-Aube en 1766, gentilhomme d'honneur de Monsieur, comte de Provence, en 1771 ; premier maître d'hôtel de madame la comtesse d'Artois en 1775 ; mestre de camp commandant le régiment de Navarre en 1776, chevalier de St-Louis en 1781, brigadier des armées du Roi en 1784, maréchal-de-camp le 9 mars 1788 ; mort à Poiriers le 6 octobre 1806 ; avait épousé à Paris, par contrat du 18 février 1771, Marie-Marc-Charlotte *de Barrin,* née à Vallet, le 29 octobre 1749, dame pour accompagner la comtesse d'Artois, fille d'Achille-Marc, comte de Barrin, marquis de Fromenteau, au comté Nantais, maréchal-de-camp, et de Louise-Madeleine-Charlotte-Emilie de Pechpeirou-Comminges de Guitaud, dont :

1° Louis-Joseph *de Montbel*, qui suit.

2° Athanase-Charles-René-Louis *de Montbel,* né à Paris

le 3 décembre 1775, reçu chevalier de Malte au berceau, mort dans l'émigration le 10 mars 1793.

3° Charles-Marie-François *de Montbel*, mort aussi dans l'émigration le 5 août 1792.

XXIII. Louis-Joseph, *comte de Montbel,* né à Paris le 2 janvier 1772, nommé à Versailles le 29 décembre 1777, eut pour parrain Louis-Stanislas-Xavier de France et pour marraine Marie-Joséphine-Louise de Savoie, qui signèrent au registre. Il a été premier chambellan du comte d'Artois, 1er gentilhomme ordinaire de Charles X, chevalier de la Légion-d'Honneur, député de l'Indre, et est mort à Orléans le 22 octobre 1860. Il avait épousé pendant l'émigration, à Anspach en Franconie, le 11 mai 1801, Marie-Aglaé-Tranquille *de Vassan,* fille de Louis-Zacharie, marquis de Vassan, mestre de camp de cavalerie, chevalier de St-Louis, et de Marie-Françoise-Louise Legendre d'Osenbray, dont :

1° Charles-Joseph *de Montbel,* qui suit.

2° Aglaé-Eugénie-Louise *de Montbel,* née à Paris le 3 février 1802, morte le 17 juillet 1850, avait épousé, le 1er juillet 1822, Paulin Roussel, marquis de Courcy en Orléanais, dont elle a eu :

A. Maurice Roussel de Courcy, né le 1er juin 1823, chevalier de la Légion-d'Honneur, mort le 14 décembre 1847.

B. Marie-René Roussel, marquis de Courcy, né le 2 octobre 1827, diplomate, officier de la Légion-d'Honneur, a épousé en 1858 Marie-Berthe d'Espinoy, dont il a : Marie-Marguerite, née en 1860 ; Marie-Madeleine née en 1861 ; et Louise-Joséphine-Anne, née en 1865.

C. Marie-Roger Roussel, comte de Courcy, né le 3 juillet 1834, marié en 1857 à Berthe de St-Germain, dont : Hobert, né en 1858 ; et Gaston, né en 1863.

D. Louise - Marie - Marthe Roussel de Courcy, née en 1825, morte le 17 mars 1853, mariée en 1845 à Gaston Le Blanc, baron de Cloys, dont : Anne-Louis-Marie Olivier, né en 1848 ; Marie – Caroline – Geneviève – Louise, née en 1846, mariée à Henri de Malortie ; et Aglaé-Marie-Aliette-Fortunée, née en 1853.

3° Charlotte-Gabrielle-Louise de Montbel, née à Paris le 26 septembre 1805.

4° Aline-Casimire-Eugénie de Montbel, née à Paris le 15 septembre 1818 ; comtesse de Montbel à la mort de son père, aux termes des lettres patentes de 1770, comme ayant eu en partage la terre de Palluau, comté de Montbel ; mariée le 23 avril 1838 à Georges-Camille, vicomte de Vélard, dont postérité.

XXIV. Charles-Joseph, comte de Montbel, né à Paris le 12 novembre 1811, mort le 29 février 1840, avait épousé le 7 avril 1834 Jenny Crublier de Fougères, remariée au comte Drouin de Rocheplatte. De ce mariage ne vint qu'une fille unique :

Luce-Marie de Montbel, née au mois de juin 1835, mariée le 15 septembre 1855 au comte Arthur de la Rochefoucault, fils puîné du duc d'Estissac, dont : Jules, né en 1857 ; Jean, né en 1865 ; Solange, née en 1859 ; Louise, née en 1862 ; Marie-Madeleine, née en 1863 ; et Xavier-Ludovic-Philippe, né en 1867.

Cette famille de Montbel, aujourd'hui éteinte dans les mâles, est différente de la famille Baron, originaire de Toulouse, dont un ministre de Charles X, homme éminent, qui a été créé comte de Montbel par ce prince.

BARRIN.

La famille Barrin, portant pour armes : *d'azur à trois papillons d'or*, est originaire d'Auvergne, et remonte, par filiation suivie, à Pierre Barrin, maître d'hôtel du duc de Bourbon en 1415. Jean, son petit-fils, s'établit en Bretagne en 1501, où sa postérité a formé plusieurs branches et possédé des terres et des charges considérables. Les Barrin ont été vicomtes de Lessongère en 1642 ; vicomtes d'Alensac, de la Jannière, et marquis de Boisgeffroy en 1644 ; marquis de la Galissonnière en 1658 ; barons de Montbarrot en 1671 ; marquis de la Guerche en 1701 ; marquis de Fromenteau en 1760.

Cette famille a donné un président à mortier au parlement de Bretagne en 1577 ; deux premiers présidents à la chambre des comptes en 1619 et en 1703 ; deux lieutenants-généraux des armées navales en 1700 et 1746 ; trois lieutenants-généraux des armées du Roi. Elle a été admise aux honneurs de la cour en 1788.

Marie-Marc-Charlotte *de Barrin,* mariée au *comte de Montbel* en 1771, n'avait qu'un frère : Achille-Armand-Charles *de Barrin,* né en 1758, qui épousa Mlle Quimper de Lanascole, et est mort sans postérité en 1841.

DE PECHPEIROU–COMMINGES.

Louise-Madeleine-Charlotte-Emilie de *Pechpeirou–Comminges* était fille de Louis-Anathase de Pechpeirou-Comminges, comte de Guitaud, marquis d'Epoisse, lieutenant-général des armées du Roi, et d'Elisabeth-Madeleine de Chamillart.

De ce même mariage étaient encore issus : Marie-Madeleine de Pechpeirou-Comminges, mariée en 1754 avec Jean-François comte *de Lavaux*, et

Charles-Guillaume de Pechpeyrou-Comminges, comte de Guitaut, marquis d'Epoisse, 1er chambellan de Stanislas, roi de Pologne, marié en 1758 avec Louise-Adélaïde *Durey de Meinières,* dont :

1° Charles-Guillaume-Jean-Baptiste-Louis de Pechpeyrou-Comminges, qui a continué les comtes de Guitaut en Bourgogne.

2° Marie-Marc de Pechpeyrou-Comminges, mariée en 1777 avec Armand *de Remond de Montmort,* comte du Dognon.

La maison de PECHPEIROU, en Quercy, porte : *d'or au lion de sable, armé, lampassé et couronné de gueules.*

La maison de COMMINGES, issue des anciens comtes de Comminges en Gascogne, porte : *d'argent à la croix pattée de gueules ;* autrement : *de gueules à quatre otelles, ou amandes pelées d'argent, posées en sautoir.*

Françoise de *Comminges,* dame de Guitaud, épousa en 1596 Pons de *Pechpeirou,* seigneur de Montlerta, à condition que leurs enfants porteraient les nom et armes de Comminges. Depuis lors Pechpeirou-Comminges a porté écartelé ; au 1er et 4 de *Pechpeirou ;* au 2 et 3 de *Comminges.*

La famille de FARJONEL, en Bourbonnais, porte : *de sable à trois étoiles d'argent, et un croissant de même en abyme.*

PALLUAU.

PALLUAU, sur le bord de l'Indre, entre Châtillon et Buzançais, est une ancienne baronnie. En 1188, Philippe-Auguste emporta d'assaut le château de Palluau sur les Anglais qui l'occupaient, et Roger *de Palluau* accompagna ce prince en qualité de banneret dans toutes ses guerres. Guy *de Palluau*, chevalier, se croisa en 1238.

En 1303, Geoffroy *Payen,* seigneur de Palluau et de Montpipeau, constitua au sacristain de St-Genou une rente de dix septiers de froment et de vingt septiers de mouture en échange de l'abandon du moulin du Pont.

Le 12 novembre 1365, Hugues *de Tranchelyon* rendit aveu au Roi pour cause de sa seigneurie de Palluau, au nom de Jeanne Payen, sa femme.

Du 8 juillet 1370, mandement au lieutenant de Châtillon pour faire exécuter les lettres royaux obtenues le 12 octobre 1369 par Hugues *de Tranchelyon,* seigneur de Palluau, touchant la démolition des fortifications que Geoffroy de Palluau avait fait faire à la Motte-Palluau.

Des 26 janvier 1371 et 21 janvier 1384, lettres qui déclarent Hugues *de Tranchelyon* et ses sujets exempts du guet à Châtillon-sur-Indre.

La seigneurie de Palluau resta dans la maison de Tranchelyon jusqu'en 1536, époque à laquelle elle appartenait à Charlotte *de Tranchelyon,* femme de Claude *de Beauvilliers.*

Par sentence de Châtillon-sur-Indre, rendue le 2 décembre 1537, Claude *Brachet* fut reconnu pour principal héritier de Charlotte de Tranchelyon.

La baronnie de Palluau fut saisie sur Claude *Brachet* et adjugée, le 25 février 1606, moyennant 84,000 livres, à Antoine *de Buade,* seigneur de Frontenac.

Louis de *Buade Frontenac,* comte du Palluau, fait hommage au Roi le 6 octobre 1634, et était gouverneur du Canada en 1677.

Paul *de Beauvilliers,* duc de St-Aignan, acquit le comté de Palluau par acte du 30 avril 1698. Après lui, ce comté passa à sa veuve, Henriette-Louise *Colbert,* comtesse de Buzançais. En 1735, le comté du Palluau appartenait à Louis-François-Augustin *de Rochechouart,* duc de Mortemart, qui mourut mineur. Un arrêt du 1er septembre 1763 régla le partage de sa succession entre les deux lignes, et Palluau fut adjugé, le 18 août 1766, moyennant 203,500 livres, à René-François, *comte de Montbel,* qui en fit hommage au Roi, sous son domaine de Tours, le 6 septembre 1776 ; hommage qui fut renouvelé le 14 avril 1782 par Jules-Gilbert, *comte de Montbel.*

LAUGÈRES SAINT-MARC.

La terre de LAUGÈRES-ST-MARC, dans la châtellenie de Belleperche, en Bourbonnais, appartenait en 1455 à Gilbert *de Laugère ;* en 1491 à Guillaume *de Laugère,* et en 1543 à Gilbert *de Laugère.*

Le 3 août 1637, la seigneurie de Laugère fut acquise par noble Jean *de Culant,* seigneur des Herards, et par noble Charles Briquard et demoiselle Esmie de Brochard, sa femme, dame d'Aligny, moyennant 8,600 livres.

. En 1671, demoiselle Elisabeth *Semyn* était veuve de noble François *de Culant,* écuyer, seigneur de Laugère et de Beauregard, et tutrice de leurs enfants mineurs ; elle expose que tous ses titres ont été perdus à l'époque des guerres de religion, où le château de Laugère fut détruit à ce point qu'on le reconstruisit à une autre place, l'ancien château se trouvant au bois de Bord.

Du 4 juillet 1693, partage des biens de François *de Culant* et d'Elisabeth Semyn entre leurs enfants qui étaient : François *de Culant,* écuyer ; Elisabeth *de Culant,* femme de Jean *Gaulmyn,* écuyer, seigneur de Laly ; et Suzanne *de Culant,* femme de Gilbert de Chambon, chevalier, seigneur des Terves et de Marcillac ; par lequel ils abandonnent à leur frère François *de Culant,* la terre de Laugère pour sa part héréditaire.

François *de Culant* mourut sans postérité et sa succession fut partagée par acte du 15 septembre 1725 ; une moitié échut à la dame de Chambon, sa sœur ; l'autre moitié aux enfants de la dame *Gaulmyn,* son autre sœur, qui étaient : Claude *Gaulmyn,* seigneur de Beauvoir ; Gilbert *Gaulmyn,* seigneur de Laly ; Claude *Gaulmyn,* femme de François-Auguste Gayent d'Ormesson ; et Suzanne *Gaulmyn,* femme de Henri-Jules *de Montbel,* chevalier, seigneur de Champeron. Laugère tomba dans le lot des Gaulmyn, et la dame *de Montbel* le garda aux enchères moyennant 30,000 livres.

VAUXBUIN.

La terre et seigneurie de VAUXBUIN, près de Soissons, appartenait en 1166 à Escot de Vauxbuin et en 1480 à la famille *de Damas;* puis, en 1560, à Jean *d'Estrée,* chevalier des ordres du Roi.

Par acte du 18 novembre 1597, Antoine *d'Estrée,* gouverneur de Paris et grand maître de l'artillerie de France, vendit Vauxbuin à Charles *de Lorraine,* duc de Mayenne, grand chambellan de France.

Le 5 août 1619, Henri *de Lorraine,* duc de Mayenne, vendit Vauxbuin à Nicolas *de Gouy,* chevalier, seigneur de Campremy, gentilhomme ordinaire de la chambre du Roi.

Les terres et seigneuries de Vauxbuin et Chaudin furent saisies sur Nicolas *de Gouy,* baron de Campremy, et adjugées le 18 mai 1646 à Louis *Le Picart,* seigneur d'Aubonne. Dès 1659, elles étaient vendues, moyennant 53,650 livres, par Eustache *Le Picart* à François *Paget,* conseiller du Roi.

Le 11 juin 1691, Jean *Paget* vendit Vauxbuin et Chaudin à Louis *de la Fitte,* écuyer, capitaine exempt des gardes du corps, qui fut tué trois mois après son acquisition et laissa ses sœurs pour héritières. Ils avaient pour père Jean-Paul *de la Fitte,* chevalier, seigneur de Beuvron, maréchal-de-camp, gouverneur de Guise.

Les demoiselles *de la Fitte* vendirent Vauxbuin' et Chaudin en 1730 à Claude *Cocuel,* écuyer, et à dame Marie *Jacobé de la Caille,* son épouse, laquelle convola avec Jean-Michel, marquis *de Renty.*

Jean-Michel, marquis *de Renty,* et Anne-Angélique *de Renty,* sa femme, vendirent en 1766 les terres et seigneuries de Vauxbuin et Chaudin aux héritiers *Reynard,* qui les revendirent à Alexandre *de Mogé de Prammont* et à Madeleine-Françoise *Ferrane,* sa femme, laquelle convola avec Claude-René-François marquis *de Sy.* Les héritiers *de Prammont* et *de Sy* vendirent ces terres, le 12 mai 1772, à Nicolas *Colleau;* lequel les légua en 1784 à Pierre-Etienne *des Patys* du Courteille. Ce dernier les vendit, le 12 fructidor an XIII, à M. et Mme Geyer et à M. *de Sèvre;* lesquels revendirent Vauxbuin, le 5 juin 1815, à Charles-

Achille, *marquis de Barrin*, par le décès duquel cette terre
échut à son neveu Louis-Joseph, *comte de Montbel*, en 1840.
A la mort du *comte de Montbel*, la terre de Vauxbuin a été
attribuée à sa fille Aline-Casimire-Eugénie, épouse du *vicomte
de Vélard*, par les partages du 29 août 1861.

DE VASSAN.

La généalogie de la maison de Vassan a été publiée par
d'Hozier, dans le 1ᵉʳ registre de l'*Armorial de France*, et,
d'une manière plus complète, par le savant bénédictin Dom
Caffiaux, dans un volume spécial, in-4°, Paris 1775.

Cette famille porte : *d'azur au chevron d'or, accompagné
en chef de deux roses d'argent et, en pointe, d'une coquille de
même.* Elle tire son nom de la terre de Vassan, près de Coucy-
le-Château, en Soissonnais. D'Hozier avait établi pour premier
auteur, connue par filiation suivie, Jean, qui fit la guerre de
Flandre contre les Gantois en 1382, mais les recherches de D.
Caffiaux lui ont fait découvrir sept degrés antérieurs, remontant
la filiation prouvée à Dreux *de Vassan*, qui vivait en 1176.

XV. Zacharie *de Vassan,* écuyer, lieutenant de Roi au gouvernement de Laon en 1598, mestre de camp et maître d'hôtel
du Roi en 1615, pensionné de 6,000 livres, mort en 1617, avait
épousé en 1592 Madeleine de Ferret, dame de Puiseux, près de
Soissons, dont il eut onze enfants, entre lesquels : Nicolas, qui
suit. Daniel, chanoine de la cathédrale de Laon ; Gabriel,
vicomte d'Aubilly ; Jean, prieur de Saint-Marceau-lez-Orléans,
en 1642 ; Charles, doyen de Cléry et abbé de Saint-Mesmin, en
1641 ; Pierre, page du grand maître de Malte en 1613, puis
capitaine au régiment de Champagne, chevalier de l'ordre du
Roi, seigneur de la Motte-Nullot en Sologne.

11

XVI. Nicolas *de Vassan,* chevalier, seigneur de Puiseux, lieutenant de la compagnie des gardes du duc de Vendôme, mestre de camp, maître d'hôtel du Roi et pensionné de 6,000 livres, en 1617, gouverneur de Pont-à-Mousson, en 1634, et conseiller d'état en 1653, avait épousé en 1621 Renée Lamirault, dont il eut neuf enfants, entre lesquels : Henri, capitaine au régiment de cavalerie de Mercœur, tué en Guyenne en 1656 ; Louis, enseigne aux gardes françaises, tué au siège de Bergue-Saint-Vinok ; et François, qui suit.

XVII. François *de Vassan,* fut d'abord destiné à l'Église et était déjà doyen de Cléry et prieur de Saint-Marceau lorsque son père lui fit quitter la soutane pour se marier, après la mort de ses deux frères aînés tués au service. Bien que devenu seigneur de Puiseux, il ne fut guères connu que sous le nom *de Surville,* qu'il avait porté d'abord. Il fut maintenu dans sa noblesse, dans la généralité de Soissons, lors de la recherche de 1667, et rendit aveu, en 1677, à l'abbé de Saint-Médard de Soissons, pour sa seigneurie de Puiseux. Il avait épousé, le 15 février 1665, Anne Prévôt, dont il eut six enfants, entre lesquels : Zacharie, qui suit ; François-Charles, lieutenant-colonel du régiment du Roi en 1693 ; et Louis, page du Roi en 1687, puis capitaine au régiment du Roi.

XVIII. Zacharie II *de Vassan,* chevalier, seigneur de Puiseux, page du Roi, capitaine au régiment du Roi en 1693, gentilhomme de la manche du duc de Berry, épousa 1°, en 1697, Marie-Louise Lambert, fille de Louis Lambert, écuyer, capitaine des Levrettes de la chambre du Roi et des Lévriers de Champagne, charge dont il fut lui-même pourvu en 1720, et qui resta héréditaire dans sa postérité. De ce mariage ne vint qu'une fille : Catherine-Louise *de Vassan,* mariée à Hardouin-Thérèse, marquis de Putanges, en Normandie, lieutenant-

général des armées du Roi. Zacharie *de Vassan* épousa
en secondes noces, en 1703, Marie Taschereau de Baudry,
dont :

XIX. Michel, marquis *de Vassan*, seigneur de Puiseux, officier au régiment des gardes françaises, mort en 1775, avait
épousé à Paris, le 1ᵉʳ mai 1737, Marie-Louise Hubert, fille de
Jérôme Hubert, écuyer, seigneur de Corcy et Fleury, en Soissonnais, commissaire ordinaire de la gendarmerie, et de Madeleine Le Cointe. (Cette famille Hubert porte : *d'or au lion de
sable, accompagné de trois huchets de même.*) **De ce mariage**
vinrent :

1° Louis-Zacharie, qui suit.

2° Gabriel-Michel, comte *de Vassan*, officier aux gardes françaises, chevalier de Saint-Louis, épousa en 1782 Louise-
Armande-Pauline Dalphonse, fille de Jean-Baptiste, marquis Dalphonse, Patrice-Romain, conseiller au parlement
de Bordeaux. Les enfants issus de mariage n'ont pas vécu

3° Hardouin-Philippe, vicomte *de Vassan*, capitaine de cavalerie au régiment de colonel-général en 1778, non marié.

4° Marie-Charlotte *de Vassan*, mariée en 1767 à Albert-Louis
de Clérembault, marquis de Vendeuil, dont :

A. Le marquis de Vendeuil, officier des gardes du corps, marié
à mademoiselle de Bartillac, dont un fils et trois filles mariées
à MM. de Vigné, de Longeville et d'Espieds.

B. Demoiselle de Vendeuil, mariée à M. de Maclau, dont une
fille mariée à M. de la Forest d'Armaillé.

C. Demoiselle de Vendeuil, mariée à M. de Nazon, dont deux
fils.

XX. Louis-Zacharie, marquis *de Vassan*, seigneur de Puiseux en Valois et de Moncontour en Tourraine, mestre de camp

de cavalerie, chevalier de Saint-Louis, épousa : 1°, le 19 mars
1774, Geneviève-Jeanne-Emilie Fourché de Quéhillac, qui mourut huit jours après son mariage ; 2°, le 11 août 1776, Marie-
Louise-Françoise Legendre d'Onsenbray, fille de Léon-François
Legendre, chevalier, comte d'Onsembray, lieutenant-général
des armées du Roi, seigneur de Villers, Saint-Aubin, Boisselle,
Barbey, etc., et de Marie-Aimée Le Mairat. De ce mariage vinrent
cinq enfants, tous nés au château de Puiseux :

1° Agathe-Aimée *de Vassan*, née le 22 septembre 1777, morte
jeune.

2° Marie-Euphrosine-Aglaé *de Vassan*, née le 19 août 1780,
non mariée.

3° Aglaé-Marie-Tranquille *de Vassan*, née le 18 août 1781,
mariée à Anspach, en Silésie, le 11 mai 1801 à Louis-Joseph,
comte *de Montbel*, gentilhomme honoraire de la chambre
du Roi.

4° Alexandre-Hippolite-Zacharie *de Vassan*, né le 13 octobre
1782, mort à Erfurt, le 11 janvier 1808, y avait épousé, le
27 juillet 1807, Antoinette de Bellemont, dont :

Emilie-Marie-Anne-Elisabeth-Antoinette - Louise - Frédéric
de Vassan, née à Erfurt, le 15 août 1808, mariée à M. de Symbrosky, dont: Hans de Symbrosky, officier au service du Roi
de Prusse, est marié ; Emil de Symbrosky, officier au service
de Prusse, mort en 1864 ; et demoiselle de Symbrosky, mariée
au baron de Dreski, capitaine au service du Roi de Prusse.

5° Benjamin-Casimir-Zacharie, marquis *de Vassan*, né le 29
juillet 1785, capitaine au 6° régiment d'infanterie de la garde
royale, chevalier de St-Louis et de Malte, marié à Orléans,
le 20 août 1822, avec Charlotte-Joséphine de Sailly, dont il
n'a pas eu d'enfants, et reste le dernier du nom de Vassan.

LE GENDRE.

La famille **Le Gendre**, originaire de Paris, porte : *d'azur à la fasce d'argent, accompagnée de trois bustes de filles de même, chevelées d'or, 2 et 1.*

Jean *Le Gendre*, seigneur de Villeroy, Hallaincourt et Conflans, trésorier de France vers 1450, épousa Catherine Dampont, dont :

1° Pierre *Le Gendre*, chevalier, baron de Hallaincourt, seigneur de Villeroy, Hardeville, la Chapelle-la-Reine, **Magny**, Conflans, maître des comptes en 1504, prévôt des marchands en 1508 ; dont une fille porta la seigneurie de Villeroy, dans la maison de Neuville.

2° Jean *Le Gendre*, seigneur de Chanteau, qui a continué la postérité masculine, et d'où descendait :

Gaspard-François *Le Gendre*, chevalier, conseiller d'état, maître des requêtes, intendant de Montauban, marié avec Marie-Anne Pajot, dont :

1° Paul-Gaspard-François *Le Gendre*, chevalier, conseiller au parlement de Paris, puis président aux comptes, épousa en 1734 Marie-Elisabeth Roslin, dont quatre filles, trois desquelles furent mariées à MM. Le Comte de Durfort, Amelot de Chaillou et Irumberry de Salaberry.

2° Léon-François *Le Gendre*, chevalier, seigneur de Lormoy, comte d'Onze-en-Bray, lieutenant-général des armées du Roi, mort en 1773, avait épousé en 1753 Marie-Anne *Le Mairat*, dont il a eu deux garçons et deux filles ; entre autres Marie-Louise-Françoise *Le Gendre*, mariée en 1776 à Louis-Zacharie. marquis *de Vassan*.

LE MAIRAT.

Le Mairat porte : *d'or au chevron d'azur, chargé sur la cime d'un écusson d'or à l'arbre de sinople* (qui est de Lépinette) ; *le chevron accompagné de trois têtes et cols de paons arrachés d'azur.*

I. Jean-Louis *Lépinette,* originaire de Paris, fut institué héritier universel de Pierre *Le Mairat,* baron de Lustrac, son frère utérin, à la charge d'en porter le nom et les armes. Il fut maître des comptes et conseiller d'état, et épousa en 1633 Charlotte Lesné, dont il eut :

II. Antoine *Lépinette Le Mairat,* baron de Lustrac, seigneur de Nogent, maître des comptes, épousa en 1668 Louise Bourgoin, dont :

III. Joachim *Lépinette Le Mairat,* seigneur de Nogent, de Bruyères-le-Châtel, président en la chambre des comptes de Paris, épousa Edmée-Geneviève Vallier, dont :

> 1° Louis-Charles *Le Mairat,* seigneur de Bruyères-le-Châtel, conseiller au parlement de Paris en 1749, président de la chambre des comptes en 1755.
>
> 2° Marie-Anne *Le Mairat,* mariée en 1753 à Léon-François *Le Gendre* de l'Ormoy, comte d'Onze-en-Bray, lieutenant-général des armées du Roi.

La famille *Le Mairat,* originaire du pays Chartrain, remonte à Etienne *Le Mairat,* écuyer, vivant en 1525, bisayeul de Pierre *Le Mairat,* chevalier, baron de Lustrac.

DU HAMEL.

La famille *du Hamel*, portant pour armes : *d'azur à trois genettes d'argent passantes, l'une au-dessus de l'autre*, a pour premier auteur connu : Loth *du Hamel*, gentilhomme hollandais, qui vint en France en 1400, à la suite du duc de Bourgogne Philippe III, dit *Le Bon*.

Son fils, Charles *du Hamel*, se maria avec une dame d'honneur de la duchesse de Bourgogne ; et leur petit-fils, Claude *du Hamel*, écuyer, épousa Antoinette de Jacquelot, dame de Denainvilliers, près de Pithiviers, ce qui le fixa dans le Gâtinais où sa postérité est toujours demeurée depuis. Ils eurent pour fils :

Claude *du Hamel*, seigneur de Denainvilliers, introducteur des ambassadeurs auprès de Louis XIII, qui épousa Marie de Cadart, dont il eut :

1° Claude *du Hamel*, seigneur de Denainvilliers, qui a continué la descendance.

2° Charles *du Hamel*, docteur de Sorbonne, curé de St-Maurice au diocèse de Sens en 1642, puis curé de St-Merry et chanoine de Notre-Dame de Paris, mort en 1682, dont *Moréri* a donné la biographie.

3° Deux filles religieuses de St-Dominique à Montargis.

Alexandre *du Hamel*, seigneur de Denainvilliers, arrière-petit-fils de Claude ci-dessus, laissa deux fils et une fille, savoir :

1° Alexandre *du Hamel*, seigneur de Denainvilliers, savant naturaliste, qui, par modestie, ne travailla jamais que pour

le compte de son frère cadet qui suit. Il avait épousé Jeanne
d'Arfeuil, dame de Vrigny, près de Pithiviers, dont il ne
laissa pas d'enfants. Sa veuve institua pour ses légataires
ses neveux par alliance *de Fougeroux*, qui suivent.

2° Henri-Louis *du Hamel*, seigneur du Monceau près de
Pithiviers, né à Paris en 1700, mort dans la même ville le
21 août 1782. Dévoué tout entier à l'étude des sciences,
il resta célibataire et fut un des savants les plus distingués
et les plus féconds du siècle dernier ; toutes les biogra-
phies donnent la nomenclature de ses nombreux ouvrages.
Il était inspecteur-général de la Marine, membre de l'académie des sciences, à 28 ans, de la société royale de Lon-
dres, etc.

3° Angélique *du Hamel*, mariée à Pierre *de Fougeroux*, écuyer, d'une famille originaire de Paris ; morts tous les deux
dans cette ville, laissant quatre enfants, savoir :

A. Auguste-Denis *de Fougeroux*, écuyer, seigneur de Bondarroy,
près de Pithiviers, et de Denainvilliers, né à Paris le 10 octobre
1732, membre de l'académie des sciences ; fut convoqué, en
1789, pour l'élection des députés de la noblesse de l'Orléanais
à l'assemblée des états-généraux, et mourut le 28 décembre
1789. Il est le seul qui ait continué la postérité masculine, et
nous reviendrons sur son compte après avoir parlé de ses trois
frères.

B. André *de Fougeroux*, chevalier, seigneur de Secval, chevalier
- de St-Louis, brigadier des armées navales, inspecteur-général
de l'artillerie et des fonderies de la Marine fut aussi convoqué
dans l'ordre de la noblesse de l'Orléanais pour l'élection des
députés aux états-généraux de 1789, et mourut à son château
de Vrigny en 1819.

Il avait épousé, le 11 juin 1771, Marguerite-Elisabeth-Julie
Bidé de Chézac, né en 1750, morte à Orléans le 4 novembre
1790, fille de Paul-Ozée Bidé, chevalier, seigneur de Chézac.
capitaine de vaisseau, chevalier de Saint-Louis, commandant

la compagnie des gardes de la Marine à Brest, et de Marie-
Elisabeth Boyetet, dont il eut :

A. Achille *de Fougeroux de Secval*, mort célibataire dans la
campagne de Prusse en 1807.

B. et C. Agathe et Aglaé *de Fougeroux de Secval*, mariées
à leurs cousins - germains *du Hamel de Fougeroux*,
ci-après.

D. Augustine *de Fougeroux de Secval*, mariée à M. de Gyvès
de Creuzy, dont elle a laissé postérité.

C. Eustache *de Fougeroux*, seigneur de Blaveau, major du
génie, chevalier de Saint-Louis, mort célibataire au château
de Vrigny.

D. N*** *de Fougeroux*, seigneur de Grandlieu, officier de la
marine royale, mort jeune et célibataire à Brest.

A la mort de Henri-Louis *du Hamel du Monceau*, arrivée en
1782, resté le dernier mâle de sa famille, les enfants issus du
mariage de sa sœur avec Pierre *de Fougeraux* devaient être
substitués aux nom et armes des *du Hamel*. Les événements de
la révolution, qui survinrent bientôt après, empêchèrent que
cette disposition fut régularisée alors ; mais, depuis, une ordonnance royale de 1818 a autorisé les *Fougeroux* à joindre à leur
nom patronymique le nom de *du Hamel*, et à se nommer à
l'avenir *du Hamel de Fougeroux*.

Auguste-Denis *du Hamel de Fougeroux*, seigneur de Bondarroy et de Denainvilliers, ci-dessus, mort en 1789, avait
épousé Henriette-Véranie de Varenne, dont il eut :

1° Auguste *du Hamel de Fougeroux* de Denainvilliers, né en
1766, membre du conseil-général du Loiret, sous-préfet de
Pithiviers sous la Restauration, chevalier de la Légion-
d'Honneur, mort en 1835, avait épousé sa cousine germaine,

Agathe de *Fougeroux de Secval*, ci-dessus, morte au château de Denainvilliers en 1856. De ce mariage sont nés :

A. Hippolyte-Henri-Marie *du Hamel de Fougeroux* de Denain-villiers, né en 1801, marié en 1831 avec Amélie de Frédy, fille de Armand-François-Joseph comte de Frédy et de Juliette Bouchard de Châteaubodeau, dont il a :

    A. Amédée *du Hamel de Fougeroux* de Denainvilliers, marié le 10 juin 1864 avec Berthe-Marie-Yvonne *de Vélard;* dont :

        Henri *du Hamel de Fougeroux*, né le 7 juin 1865.

    B. Albert-Charles-Marie *du Hamel de Fougeroux*.

    C. D. et E. Lucie, Agathe et Léontine *du Hamel de Fougeroux*.

B. Adelmar-Louis-Marie *du Hamel de Fougeroux*, officier de cavalerie, mort en 1835, avait épousé en 1832 Albertine Blondeau de Laurière, fille d'Alexandre Blondeau, marquis de Laurière, en Limousin, et d'Albertine de Sarcus, dont il a eu une fille unique :

    Marie-Albertine *du Hamel de Fougeroux*, mariée en 1853 avec Léopold-Corentin comte de Bruc de Livernière.

C. Edmond-Antoine *du Hamel de Fougeroux*, né en 1808, ancien officier de la Marine-royale, a épousé en 1837 sa belle-sœur, Albertine Blondeau de Laurière, veuve de son frère ci-dessus, dont il a trois filles :

    A. Antoinette-Marie-Suzanne *du Hamel de Fougeroux*, mariée en 1861 avec Georges de Menjot, baron de Champfleur.

    B. Marie-Thérèse *du Hamel de Fougeroux*, mariée en 1867 avec Louis, vicomte de Luchapt.

    C. Marie-Louise *du Hamel de Fougeroux*.

2° Charles *du Hamel de Fougeroux* de Vrigny, député du Loiret sous la Restauration, chevalier de la Légion-d'Honneur, mort à Orléans en 1853, avait été marié trois fois : 1° avec Aglaé *de Fougeroux de Secval*, sa cousine germaine ci-dessus ; 2° avec Paule d'Arcy ; 3° avec Léontine de Châteauvieux. Ses enfants furent :

Du 1er lit :

Plusieurs enfants morts jeunes.

Du 2me lit :

Charles *du Hamel de Fougeroux* de Vrigny, marié en 1866 avec Gabrielle de Tudert.

Du 3e lit :

Sosthène et Marie *du Hamel de Fougeroux*.

3° Antoine *du Hamel de Fougeroux* de Godonvilliers, chevalier de St-Louis et de la Légion-d'Honneur, directeur de l'artillerie de la Marine à Cherbourg, mort célibataire en 1840.

4° Angélique-Françoise *du Hamel de Fougeroux* a été la seconde femme de Louis Bodin de Boisrenard, dont elle a eu :

Hector-Adolphe Bodin de Boisrenard, marié en 1830 avec Marie-Henriette-Thaïs de Trimond ; Alphonse Bodin de Boisrenard, marié avec Noémie de Coniac ; et Amélie Bodin de Boisrenard, mariée avec M. de Montaudouin.

XIIIe DEGRÉ.

DE CORNULIER.

(Extrait d'une généalogie de Cornulier, imprimée à Nantes en 1863).

La maison *de Cornulier*, autrefois *Cornillé*, a pour premier auteur connu en Bretagne *Hamelin*, qui accompagna Robert Ier de Vitré à l'expédition d'Angleterre en 1066, et dont le nom est inscrit sur les tables de l'abbaye de la Bataille, fondée en mémoire de la bataille d'Hastings. Au retour de la conquête de l'Angleterre, le sire de Vitré lui donna des terres dans la paroisse de *Cornillé,* où il se fixa et dont il prit le nom suivant l'usage de l'époque.

Du Haillan, historiographe de France et généalogiste des ordres du Roi, rapporte comment Jean IV, duc de Bretagne, changea, en 1381, le nom et les armes de Grégoire *de Cornillé,* qui portait : *d'argent à trois corneilles de sable ;* voulant qu'il se nommat *de Cornulier* et qu'il portât pour armes : *d'azur au rencontre de cerf d'or,* lui permettant, pour marque de son estime, d'ajouter *entre les bois du cerf une hermine d'argent.*

Les branches de cette famille qui avaient gardé le nom *de Cornillé* se sont éteintes à la fin du XVIe siècle. Les branches du nom *de Cornulier,* qui descendent de Grégoire, subsistent encore au nombre de trois et ont pour auteur commun :

Pierre *de Cornulier,* vicomte de Rezé près de Nantes en 1560, général des finances en Bretagne, commissaire du Roi aux États de 1582 et 1585, qui épousa en 1563 Claude de Comaille, héritière principale de Toussaint de Comaille, contrôleur général de la Marine du Ponant. De ce mariage sortirent trois fils :

1° Claude *de Cornulier*, né en 1568, qui suit.

2° Jean *de Cornulier*, né en 1574, auteur de la *Branche de Lucinière,* sur laquelle nous reviendrons.

3° Pierre *de Cornulier,* né en 1575, abbé commendataire de Ste-Croix de Guingamp, de St-Méen de Gaël et de Blanchecouronne, député du clergé de Bretagne aux états-généraux de 1614, évêque de Tréguier en 1617 et de Rennes de 1619 à 1639. Le clergé de France, réuni en assemblée générale à Bordeaux en 1621, le choisit pour organe des remontrances qu'il adressait au Roi Louis XIII ; il le harangua assisté des cardinaux de Retz et de la Valette.

Le bénédictin D. Germain Morel fait de lui cet éloge dans son *Histoire de la sécularisation de l'abbaye de St-Méen :* « très-éloquent orateur, subtil philosophe, savant théolo- « gien, vertueux politique, homme d'état sans reproches, « juge incorruptible et prélat très-vigilant, dont la mort fut « un jour fatal pour tout l'ordre de St-Benoit. »

Claude *de Cornulier*, seigneur châtelain de la Touche de Nozay, par érection de 1611 ; général des finances de Bretagne en 1588, à l'âge de vingt ans ; et, deux ans plus tard, chargé de la mission, toujours difficile et singulièrement délicate dans les temps de troubles où l'on était alors, de com- missaire du Roi près des États de la Province, épousa en 1601 Judith Fleuriot, dont il eut :

1° Pierre *de Cornulier*, qui a continué *la branche aînée.*

2° Charles *de Cornulier*, auteur de la *branche de la Caraterie.*

La branche aînée : marquis de Châteaufremont par érection de 1683, comtes de Largouet et de Vair, barons de Montrelais, de Lanvaux et de Quintin-en-Vannes ; a donné sept présidents à mortier au parlement et trois présidents à la chambre des comptes de Bretagne. Elle est représentée aujourd'hui par :

Charles-Joseph-Gontran, marquis *de Cornulier,* né en 1825, marié en 1847 avec Ernestine-Elisabeth Le Doulcet de Méré, dont il a :

1° Jean-Henri-Marie *de Cornulier*, né le 5 février 1849.

2° Henri-Marie-Edmond-Toussaint *de Cornulier,* né le 18 dé- cembre 1849.

3° Marie-Madeleine-Aglaé-Joséphine *de Cornulier*, née le 21 juillet 1851.

La branche de la Caraterie, qui a donné de nombreux officiers à l'armée et des capitaines de la noblesse du comté nantais, est représentée aujourd'hui par :

1° Stanislas-Victor, abbé *de Cornulier*, né en 1828, ordonné prêtre en 1857, camérier de sa Sainteté Pie IX depuis 1858.

2° Jean-Louis-Arthur, vicomte *de Cornulier*, frère du précédent, né en 1830, zouave de l'armée pontificale en 1860, décoré de la médaille *Pro Petri sede ;* marié en 1861 avec Victoire-Marie de Montsorbier, dont il a :

Marie'Thérèse-Josephe, née le 17 janvier 1865 ; nommée par *Monseigneur* et par *Madame*.

3° Marie-Léonie *de Cornulier*, sœur des précèdents, née en 1825, mariée en 1845 à Félix, comte de Villebois-Mareuil.

4° Auguste-Louis-Marie, comte *de Cornulier de la Lande*, oncle à la mode de Bretagne des précédents, né en 1812, page du Roi Charles X, démissionnaire en 1830, marié en 1846 avec Caroline-Pauline Grimouard de St-Laurent, dont il a :

A. Louis-Henri-Marie, né le 9 janvier 1851.

B. Auguste-Marie, né le 22 mai 1853.

C. Marie-Charles, né le 19 novembre 1856.

D. Yolande-Marie, née le 24 juin 1848.

E. Berthe-Marie, née le 20 juin 1849.

5° Henri-Victor-Marie *de Cornulier de la Lande*, frère du précédent, né en 1815, célibataire.

6° Marie-Anne *de Cornulier de la Lande*, sœur des deux précédents, née en1822, mariée en 1843, à René-Félix comte de Romain.

7° Henriette-Rose *de Cornulier de la Caraterie*, cousine-germaine des trois derniers qui précèdent et tante à la mode de Bretagne des trois premiers, née en 1814, mariée en 1839 à Victor comte d'Escrots d'Estrée.

VIII. Jean *de Cornulier*, chevalier, seigneur de Lucinière, élevé page du duc de Mercœur, beau-frère de Henri III, puis capitaine de cinquante hommes d'armes, de chevau-légers et de carabiniers, gouverneur des villes et châteaux de Nantes, de Guérande, du Croisic et de Comper ; conseiller d'état d'épée ; grand-maître des eaux et forêts, grand veneur et grand prévôt de Bretagne en 1601 ; commissaire du Roi aux états de cette province en 1604, épousa en 1603 Marguerite Le Lou, dont il eut :

1° Claude *de Cornulier*, seigneur de Lucinière, aumônier du Roi, conseiller d'état, abbé de Blanchecouronne et du Hézo, mort en 1681.

2° Pierre *de Cornulier*, qui suit.

3° Philippe-Emmanuel *de Cornulier*, auteur de la branche des seigneurs de Montreuil, qui a fourni plusieurs capitaines de la noblesse et lieutenants des maréchaux de France au comté Nantais, et s'est éteinte en 1756.

IX. Pierre *de Cornulier*, chevalier, seigneur de Lorière, conseiller d'état, capitaine d'une compagnie d'infanterie en 1635, grand maître des eaux et forêts et grand veneur de Bretagne de 1642 à 1656, puis commissaire du Roi aux états de cette province de 1657 à 1665 ; épousa en 1645 Françoise-Josèphe du Plessier de Genonville, dont il eut :

1° Jean-Baptiste *de Cornulier*, qui suit ;

2° Autre Jean-Baptiste *de Cornulier*, seigneur de Pesle, président en la chambre des comptes de Bretagne en 1692, mort en 1708 sans laisser de postérité.

X. Jean-Baptiste *de Cornulier*, seigneur de Lucinière, Lorière, etc., baron de la Roche-en-Nort en 1686, conseiller au parlement de Bretagne en 1676, épousa en 1679 Françoise Dondel, dont il eut :

1° Claude-Jean-Baptiste *de Cornulier*, qui suit ;

2° Pierre-Eustache *de Cornulier*, seigneur de Vernay, auteur d'une branche qui a fini misérablement dans les persécutions révolutionnaires de 1793.

XI. Claude-Jean-Baptiste *de Cornulier*, chevalier, comte de la Roche-en-Nort, seigneur de Lucinière, Lorière, etc., né en 1686, reçu conseiller au parlement de Bretagne en 1721, épousa en 1720 Anne-Marie de Gennes, dont il eut :

Claude-Toussaint-Henri, comte *de Cornulier*, capitaine de cavalerie, mort célibataire en 1750, et

XII. Jean-Baptiste-Benjamin *de Cornulier-Lucinière*, chevalier, né en 1740, président des enquêtes au parlement de Bretagne, émigré en 1791, mort en 1818, avait épousé en 1767 Jeanne-Marcuise-Pétronille du Bourblanc d'Apréville, dont il eut :

1° Jean-Baptiste-Théodore-Benjamin, qui suit.

2° Louis-Henri *de Cornulier-Lucinière*, né en 1777, tué dans l'armée des Princes en 1794.

XIII. Jean-Baptiste-Théodore-Benjamin, comte *de Cornulier-Lucinière*, né en 1773, capitaine d'artillerie, chevalier de Saint-Louis, mort en 1824, avait épousé en 1802 Anne-Henriette d'Oilliamson, fille de Marie-Gabriel-Éléonor, comte d'Oilliamson, marquis de Courcy, vicomte de Coulibœuf, lieutenant-général, grand'croix de St-Louis, et de Marie-Françoise

d'Oilliamson, marquise de St-Germain-Langot. De ce mariage
vinrent :

1° Ernest-François-Paulin-Théodore, comte *de Cornulier-
    Lucinière*, né en 1804, lieutenant de vaisseau, chevalier de
    la Légion-d'Honneur, auteur de la présente *Généalogie
    de Vélard*, marié en 1833 avec Charlotte-Germaine-Néalie
    de la Barre, fille de Jean-Baptiste de la Barre, chevalier,
    et de Modeste-Eugénie-Edmée-Elise du Faur de Pibrac,
    dont il a une fille unique :

> Alicie-Charlotte-Eugénie-Marie *de Cornulier-Lucinière*, née à
> Lorient, le 19 février 1843, mariée à Orléans, le 31 janvier
> 1865 avec Amaury-Georges-Marie, vicomte *de Vélard*, son
> cousin au VIII degré. En effet, Modeste-Eugénie-Edmée-Elise
> du Faur de Pibrac était fille de Damiel-Prix-Germain du
> Faur, comte de Pibrac, et de Angélique-Anne de Hallot :
> laquelle était fille de Louis-Charles de Hallot, marié en 1746
> avec Anne-Marie-Madeleine Brouilhet de la Carrière. Ces
> derniers avaient pour fils Louis-Joseph, marquis de Hallot ;
> qui épousa Marie-Thérèse Egrot du Lude, lesquels eurent
> pour fille : Honorine de Hallot, mariée au comte Camille *de
> Vélard*, ayeul d'Amaury.

2° Albert-Hippolyte-Henri *de Cornulier-Lucinière*, né en 1809,
    ancien officier, a épousé en 1835 Céleste-Claire de Couëtus,
    fille de Jean-Baptiste de Couëtus, chevalier de St-Louis,
    et de Anne-Marie-Jacqueline de Galard de Béarn de Brassac,
    dont il a deux filles :

> A. Marie-Rogatienne-Anne-Philomène *de Cornulier-Lucinière*,
>   née le 29 mai 1836, mariée le 21 novembre 1860 à Marie-
>   Charles-Adrien de Couëtus, son cousin germain, fils de Louis-
>   Albert de Couëtus, ancien page de Charles X, et de Léontine-
>   Charlotte de la Roche-Saint-André.

> B. Alix-Marie *de Cornulier-Lucinière*, née le 23 octobre 1841.

3° Alphonse-Jean-Claude-René-Théodore *de Cornulier-Luci-
    nière*, né en 1811, se trouvait, dès son débnt dans la marine,

associé au brillant coup de main par lequel trente marins de *la Béarnaise* se rendirent maîtres de la citadelle de Bône ; entreprise audacieuse dont le gouverneur général de l'Algérie écrivait au ministre de la guerre : « Je ne sais à quelle « page de l'histoire remonter pour trouver une pareille ac- « tion de courage ; » et dont le maréchal Soult disait à la tribune : « C'est le plus beau fait d'armes de notre siècle. »

Il est aujourd'hui contre-amiral, commandeur de la Légion-d'Honneur, et a épousé en 1838 Louise-Élisabeth-Charlotte de la Tour-du-Pin-Chambly de la Charce, fille de Alexandre-Louis-Henri, vicomte de la Tour-du-Pin-Chambly de la Charce et de Elisabeth-Marie-Modeste de Sesmaisons, dont il a :

A. Henri-Raoul-René *de Cornulier-Lucinière*, né le 31 octobre 1838, lieutenant au 14e régiment d'infanterie de ligne.

B. Paul-Louis-Ernest de *Cornulier-Lucinière*, né le 18 février 1841, lieutenant de vaisseau.

C. Camille-Louis-Marie *de Cornulier-Lucinière*, né le 23 mai 1844, sous-lieutenant du 69e régiment d'infanterie de ligne.

D. Gustave-Jean-Marie-Alfred *de Cornulier-Lucinière*, né le 8 novembre 1855.

E. Anne-Augustine-Marie-Victorine *de Cornulier-Lucinière*, née le 4 août 1847.

F. Louise-Anne-Henriette-Marie *de Cornulier-Lucinière*, née le 24 juillet 1851.

4° Théodore-Gabriel-Benjamin-Charles *de Carnulier-Lucinière*, né en 1817, a épousé le 27 avril 1840 Caroline-Germaine-Marie de Sailly, morte le 5 avril 1865, fille unique d'Armand-Joseph, vicomte de Sailly et d'Anne-Marie-Louise-Alexandrine du Faur de Pibrac ; il en a une fille unique :

Caroline-Henriette-Marie *de Cornulier-Lucinière*, née le 18 février 1841 ; mariée le 28 avril 1863 à Pierre-Rogatien, vicomte de Lambilly, fils de Thomas-Hippolyte, marquis de Lambilly, et d'Alphonsine-Modeste-Paule-Rogatienne de Sesmaisons.

5° Marie-Alfred-Ernest *de Cornulier-Lucinière*, né en 1822, chef de bataillon, commandant des chasseurs à pied de la garde, chevalier de la Légion-d'Honneur et du Medjidié de Turquie, tué sur la brèche à l'assaut de Sébastopol le 8 septembre 1855. « La perte de ce vaillant jeune homme, « qu'attendait un grand avenir, est, disait le général Trochu, « une des plus irréparables que le pays et l'armée aient « faites devant Sébastopol, où tant de braves gens ont « succombé. »

Il avait épousé le 5 août 1846 Marguerite-Amélie Law de Lauriston, fille de Louis-Georges Law de Lauriston, chevalier de Saint-Louis et de la Légion-d'Honneur, frère du marquis de Lauriston, maréchal de France, et d'Agnès de Vernety. De ce mariage est née :

Anne-Marie-Marguerite *de Cornulier-Lucinière*, née le 18 avril 1850.

6° Antoinette-Malthilde-Anne-Camille-Marie-Clotilde-Bathilde *de Cornulier-Lucinière*, née en 1807, comtesse chanoinesse du chapitre royal de Sainte-Anne de Munich, veuve sans enfants de Louis-Henri Robert de Grandville, fils de François-Julien Robert de Grandville et d'Anne-Françoise-Madeleine de Sartoris.

7° Hélène-Anne-Marie *de Cornulier-Lucinière*, née en 1820.

ARMES : *d'azur au rencontre de cerf d'or, surmonté entre les bois d'une moucheture d'hermine d'argent.*

DEVISE : *Firmus ut cornus.*

DE LA BARRE.

Quand on remonte les filiations, le plus grand péril que puisse rencontrer la bonne foi, ce sont les homonymes. Les généalogistes conviennent généralement qu'on doit admettre l'identité des personnes toutes les fois qu'il y a identité de lieu, de nom et d'époque : avec une pareille coïncidence, le degré de probabilité est tel qu'il équivaut à une certitude. Cependant cette règle comporte une exception quand il s'agit d'un nom excessivement répandu, comme l'est celui *de la Barre ;* on ne doit alors admettre que les jonctions rigoureusement prouvées ; c'est pourquoi nous ne commençons la généalogie suivante que par Jean de la Barre qui suit ;

I. Noble homme Jean *de la Barre,* commissaire des guerres, épousa à Paris, le 17 avril 1612, Elisabeth du Val, fille de Jean du Val, receveur général des monnaies de France, dont il eut entre autres :

II. Jean *de la Barre,* général des finances et grand voyer de la généralité de Paris, épousa le 19 juillet 1661 Catherine Piètre de Coursan, fille de Marie de St-Genys, et tante de Geneviève-Philippe Piètre, marié en 1678 avec Charles d'Aubigné, frère de la célèbre marquise de Maintenon. De ce mariage vint entre autres :

III. Jean—Abel *de la Barre,* écuyer du duc d'Orléans, frère unique du Roi, en 1693 ; puis, après son père, en 1696, trésorier de France, général des finances et grand voyer de la généralité de Paris ; épousa le 22 juillet 1699 Élisabeth-Geneviève de Bouzitat de Chanay, fille de feu Vincent de Bouzitat, seigneur de Chanay, en Nivernais, et de Caroy, près de Nangis, en Brie, secrétaire des commandements du prince de Conty, et d'Élisabeth Valentin de Wicardel.

Cette famille *de Bouzitat* remonte à Philippe de Bouzitat, chevalier, qui fonda, dans l'église de St-Etienne de Nevers, une chapelle dont la fondation est rappelée dans un acte du 29 janvier 1487.

La famille *Valentin,* transplantée de Picardie en Lorraine, a été maintenue d'ancienne extraction par arrêt du parlement de Metz du 17 décembre 1666, sur preuves de filiation noble remontant à l'an 1344. Elle a donné un lieutenant-général d'artillerie célèbre: M. de la Roche-Valentin. Par suite d'une alliance avec la famille de *Wicardel,* aussi originaire de la Picardie, mais transplantée en Beauce, les enfants issus de ce mariage obtinrent des lettres patentes pour joindre les deux noms.

Jean-Abel *de la Barre* ne laissa d'Elisabeth-Geneviève de Bouzitat qu'un fils unique :

IV. Charles-Jean-Abel *de la Barre,* seigneur de Caroy, conseiller à la cour des Aides de Paris de 1726 à 1744, qui épousa le 13 mai 1726 Marie-Laurence Barce de Vaubertin, dame de l'Allemande, en Nivernais, dont il eut, outre trois filles non mariées :

1° Charles-Joseph-Abel *de la Barre,* chevalier, né à Paris le 2 décembre 1733, seigneur de Caroy, chef de brigade d'artillerie, envoyé en Espagne pour y réformer cette arme ; commandant de l'artillerie aux îles de la Guadeloupe, de St-Eustache et de St-Cristophe en 1782, chevalier de St-Louis, fut convoqué à l'assemblée de la noblesse des baillages de Melun et de Moret pour l'élection des députés aux états-généraux de 1789. Il est mort sans postérité à Vezelay le 28 décembre 1809.

V. 2° Augustin-Bernard *de la Barre,* chevalier, né à Paris le 31 mars 1738, seigneur de l'Allemande, lieutenant-colonel du régiment d'artillerie de Metz, commandant cette arme au Cap-Français dans l'île de St-Domingue, chevalier de St-Louis, épousa à Paris, le 8 novembre 1770, Charlotte-Marie de Burdelot, fille de Gabriel de Burdelot, chevalier, seigneur de Malfontaine, près de Vezelay, capitaine au régiment de Rouergue, et de Marie-Anne Morin de Barcourt.

Charlotte - Marie *de Burdelot,* héritière de sa maison et dernière de son nom, descendait au VIII° degré de Jean de Burdelot, le premier qui s'établit en Bourgogne par son mariage, vers 1500, avec Perrette d'Ecarlatte, dame d'Ilan, près d'Avallon, et de Fontenille-les-Forêts, près de Vezelay, terre qui est encore aujourd'hui dans la famille de la Barre. Les Burdelot se sont alliés aux premières familles de l'Auxerrois telles que de Blosset, de Giverlay, de Courtenay, de Chastellux, de la Bussière, de Corvol, etc.

Marie-Anne *Morin* était sœur de M. Morin de Sainte-Colombe, grand-maître des eaux et forêts de l'Auxerrois, qui a laissé un fils et une fille.

Le fils, marié avec Elisabeth Nourri de la Folleville, n'a laissé que deux filles : Virginie de Ste-Colombe, mariée à M. de Failly, et Clémentine de Ste-Colombe, mariée à Alexis de Bonardi, baron du Ménil.

La fille, mariée à Paul Binquiers de Monclat, capitaine d'infanterie, n'a eu que deux filles mariées, l'une à Louis Parent et l'autre à Alfred Turgot.

Augustin-Bernard *de la Barre* n'a laissé que deux fils de Charlotte-Marie de Burdelot :

1° Charles-Augustin-Abel, qui suit.

2° Jean-Baptiste *de la Barre,* chevalier, né à Vezelay, le 16
janvier 1783, mort à Orléans le 16 mars 1861, avait épousé
à Auxerre, le 22 février 1808, Modeste-Eugénie-Edmée-Elise
du Faur de Pibrac, née le 12 juin 1787, morte à Orléans le
25 janvier 1864, fille de Daniel-Prix-Germain du Faur,
comte de Pibrac, ancien mousquetaire noir, chevalier de
St-Louis, et d'Angélique-Anne de Hallot. De ce mariage
sont issues deux filles :

> A. Charlotte-Germaine-Néalie *de la Barre*, née à Auxerre,
> le 15 août 1809, mariée à Orléans, le 16 juillet 1833, avec
> Ernest-François-Paulin-Théodore, comte de Cornulier-
> Lucinière.

> B. Clémentine *de la Barre*, née à Auxerre, le 22 février 1812,
> mariée à Orléans, le 26 janvier 1836, avec Marie-Charles-Ludovic
> du Breuil du Bost, vicomte de Gargillesse, ancien officier de
> dragons, mort à Orléans le 13 juin 1861, laissant une fille
> unique :
>
>> Emmeline du Breuil du Bost de Gargillesse, née à Orléans,
>> le 31 mai 1837, mariée le 8 avril 1862 à Anatole Bernard
>> de Danne.

VI. Charles-Augustin-Abel *de la Barre de Caroy*, né à
Vezelay, le 19 octobre 1773, fit, en 1787, ses preuves
de noblesse pour le service militaire devant le généalogiste
Chérin. Il a fait la campagne d'Egypte en qualité de capitaine d'artillerie, attaché comme officier d'ordonnance au général, depuis maréchal Davoust. Il épousa, en 1804, Adé-
laïde-Marie-Célestine de Saint-Chamans, dont il a eu un fils
unique :

VII. Abel-Marie-Ernest *de la Barre de Caroy*, marié à Avallon, en 1828, avec Anne-Marie-Cécile-Charlotte Monfoy de
Bertrix, dont un fils unique :

VIII. Abel-Louis *de la Barre de Caroy,* marié en 1852 avec Marie de Salvert de Montrognon, dont il a trois fils.

La famille de la Barre porte : *d'azur à trois chevrons d'or, accompagnés de trois étoiles de même.*

BRANCHE DE LOGÈRE.

Ve DEGRÉ.

Du 19 septembre 1594, au rapport de Cantat, notaire, contrat de mariage de François *de Vellard*, écuyer, fils de Claude *de Vellard*, et de damoiselle Anne de Montcoquier, avec damoiselle Anne *de Pointet*.

Du 22 avril 1600, au rapport de Perron, notaire, obligation de la somme de 25 écus consentie par Claude *de Vellard*, écuyer, seigneur des Salles, et François *de Vellard*, écuyer, seigneur de Laugère, son fils, au profit d'Antoine Le Tailleur, écuyer, seigneur du Thounin.

Du 7 janvier 1605, compromis passé entre François *de Vellard*, écuyer, seigneur de Logère, et Claude *de Vellard*, écuyer, seigneur des Salles, son père. Signé : Bretere.

Du 23 juillet 1609, dénombrement de la terre et seigneurie de Logère, mouvante du fief du Roi, par François *de Vellard*, écuyer, seigneur de Logère, par devant les commissaires députés par S. M. pour la réception des foi et hommages.

Du 30 mars 1620, quittance donnée à François *de Vellard*, écuyer, seigneur de Logère, de la somme de 3 livres pour sa part des frais des députés de la noblesse de Bourbonnais pour la conservation de ses privilèges et l'affranchissement de la gabelle.

De l'année 1622, deux missives du comte de Charlus, lieutenant de Roi au gouvernement de Bourbonnais, mandant à François *de Vellard*, seigneur de Logère, de se trouver avec la noblesse à l'entrée de la Reine en la ville de Moulins. Signées : Charlus.

Extrait des registres des paroisses de Châtel-de-Neuvre et de Saint-Germain-d'Entrevaux, aujourd'hui réunies en une seule commune, sous le nom de la première.

Le 19 mars 1607, a été baptisé Antoine *de Vellard*, fils de François *de Vellard*, écuyer, seigneur de Logère et de la Motte-Beaudéduit, et de damoiselle Anne Pointet.

Le 14 mars 1631, mariage de Jean Guillouet, écuyer, seigneur de la Valette, avec damoiselle Anne *de Vellard,* fille de François *de Vellard*, écuyer, seigneur de Logère.

Le 7 octobre 1637, a été inhumé dans l'église de St-Laurent de Châtel-de-Neuvre, François *de Vellard*, écuyer, seigneur de Logère et de la Motte.

Le 12 février 1640, ont été mariés dans la chapelle de Logère Pierre, écuyer, seigneur du Clezeau, et demoiselle Jeanne *de Vellard.*

POINTET.

La famille de Pointet est ancienne en Bourbonnais. Guionet *de Pointet,* fils d'autre Guionet *de Pointet,* Damoiseau, rend aveu au Roi pour une maison, une grange, etc. (Logère et la Grange-Bayeux), qu'il possède, en l'année 1300, au village de St-Germain (St-Germain-d'Entrevaux), en la paroisse de Châtel-de-Henur (Châtel-de-Neuvre). *(Noms féodaux.)*

En 1300, Hugonin de Boux rend aveu au nom de sa femme, fille de Guillaume *Pointet,* chevalier, pour des terres, étangs, garennes, cens, tailles, etc., ès paroisses de St-Germain-d'Entrevaux, Monestay-sur-Allier et autres, sous la châtellenic de Verneuil en Bourbonnais. *(Ibid.)*

En 1506, Gilbert *Pointet,* fait hommage au Roi dans la châtellenic de Verneuil, sous laquelle était comprise la paroisse de Châtel-de-Neuvre. *(Ibid.)*

GUILLOUET.

Remy *Guillouet,* conseiller de la duchesse de Bourbonnais, rend aveu pour une maison sise à Moulins, en 1505. *(Noms féodaux.)*

Jeanne *Guillouet,* veuve de Claude Gilbert de Plantadis, écuyer, rend aveu en 1684, comme tutrice de leurs enfants, pour la terre et seigneurie de Pancyreix, en la paroisse de Marenchal, sous le domaine de Riom. *(Ibid.)*

Claude *Guillouet,* écuyer, rend aveu en 1684 pour la terre et seigneurie de la Motte-Chamaron, paroisse de St-Menoux,

sous la châtellenie de Bourbon-l'Archambaud. Et, comme procureur de demoiselle Claude-Marie Gaudon, il rend aveu, en
1716, pour le fief de Bonnassat, paroisse de Chérat-l'Église,
sous Chantelle.

Louis *Guillouet*, seigneur de la Motte-Chamaron, capitaine
d'infanterie, rend aveu, en 1716 pour la terre et seigneurie de
Vellate, paroisse de Châtillon, sous Verneuil. Et, en 1723 et 1725,
il rend aveu au nom de Claude *Guillouet*, écuyer, capitaine de
frégate, gouverneur de Cayenne, seigneur d'Orvilliers, pour
les fiefs de la Tronçaye et de Laleuf, en la paroisse de Buxière,
sous le domaine de Murat. Enfin, le même Claude *Guillouet* et
sa femme, Marie Vic de Pongibaud, rendent aveu, en 1725,
pour le fief et seigneurie de la Motte-Chamaron. *(Noms féodaux)*.

A cette famille appartenait Gilbert *Guillouet*, comte d'Orvilliers, vice-amiral, cordon rouge, mort à la fin du siècle dernier.

GUILLOUET porte : *d'azur à trois fers de pique d'or.*

VIᵉ DEGRÉ.

De l'année 1630, lettre écrite à Antoine *de Vellard*, par
M. le comte de la Palice, par laquelle il lui mande de se tenir
prêt pour aller à l'armée et le traite de *son compagnon,* (c'est
Jean-François de la Guiche, comte de Saint-Géran, maréchal
de France, mort en 1641. Il était seigneur de la Palice par son
mariage contracté en 1595 avec Anne de Tournon, fille d'Éléo-
nore de Chabannes, dame de la Palice).

Du 12 octobre 1634, ordonnance du lieutenant-général du
Bourbonnais, adressée à Antoine *de Vellard*, seigneur de Lo-

gère, et portant que tous les gentilshommes de la province se trouveraient à l'entrée que le seigneur de Saint-Géran, gouverneur du Bourbonnais, devait faire en la ville de Moulins.

Des années 1635 et 1639, trois extraits du rôle des nobles du Bourbonnais, où il parait qu'Antoine *de Velard,* écuyer, seigneur de Logère, Gabriel et François *de Velard,* écuyers, ont servi volontairement dans l'arrière-ban de Picardie et de Franche-Comté, commandés par les feu seigneurs comte de Saint-Géran et baron de Bressolles. Signé par collation: Bobier, Godefroy et Lefèvre, notaires.

Du 15 mai 1635, exploit posé au sieur *de Logère* pour payer la somme de 4 livres 10 sous, à laquelle il avait été taxé pour sa part des frais d'un voyage fait en cour par le syndic de la noblesse du Bourbonnais.

Du 1er février 1639, contrat de mariage d'Antoine *de Vélard,* écuyer, fils de François *de Vélard,* écuyer, seigneur de Logère et de la Motte-Beaudéduit, et de damoiselle Anne de Pointet, avec damoiselle Elisabeth Vernoy.

Du 24 avril 1642, nomination de Louis Bournier, chanoine, à la chapellenie de Saint-Jean du faubourg de Paris de la ville de Moulins, par Antoine *de Vellar,* écuyer, seigneur de Laugère, et Gabriel *de Vellard,* écuyer, seigneur de Montifault, comme tuteur et curateur des entants de feu Jean Le Tailleur, écuyer, seigneur de Plamout.

Du 10 septembre 1644, acte au rapport de Picquet, notaire, par lequel le curé et les habitants de la paroisse de Châtel-de-Neuvre, reconnaissent que les droits honorifiques de l'église appartiennent et ont de tout temps appartenu à Antoine *de Vellard,* seigneur de Logère et à ses prédécesseurs.

Du 22 octobre 1644, sentence de M. de Saint-Geran, gouverneur du Bourbonnais, pour les droits honorifiques de l'église de Châtel-de-Neuvre, par laquelle ledit seigneur de Saint-Geran déclare que lesdits droits honorifiques appartiennent au seigneur de *Logère*, qui est le plus ancien gentilhomme de la paroisse. Signé : Saint-Geran ; et plus bas : Foizon.

Du 18 novembre 1644, missive écrite à Antoine *de Vellard*, par le marquis de Levy de Pouligny, lieutenant de Roi au gouvernement de Bourbonnais, par laquelle il mande audit seigneur de Logère de se trouver avec les gentilshommes du pays, pour honorer son entrée en la ville de Moulins. Signé : de Levy Pouligny.

Du 26 octobre 1651, autre missive écrite par M. de Saint-Geran, gouverneur du Bourbonnais, audit Antoine *de Vellard*, seigneur de Logère, pour l'aller trouver, avec la noblesse du pays, pour s'opposer aux ennemis du Roi pendant le siège de Montrond. Signée : Saint-Geran.

Du 16 décembre 1655, sentence de la sénéchaussée de Bourbonnais, en faveur d'Antoine *de Vellard*, écuyer. Signé : Cutriol, greffier.

Des 20 novembre 1662, 1er août 1663, 24 mai 1664, et 22 novembre 1665, quatre certificats des services rendus au Roi dans ses armées, par Louis, Emile et Jean *de Vellard*, enfants dudit Antoine.

En 1700, Eloyte *de Vellard*, damoiselle, héritière de feu Philibert *de Vellard*, son frère, rend aveu au Roi pour les fiefs de Logère et de la Grange-Bayeux, paroisse de Châtel-de-Neuvre, sous la châtellenie de Verneuil. (Registre 475, fo 276. *Noms féodaux*).

*Extrait des registres des paroisses du Châtel-de-Neuvre
et de Saint-Germain-d'Entrevaux.*

Le 20 février 1642, a été baptisé Emilien *de Vellard*, fils
d'Antoine *de Vellard*, écuyer, seigneur de Logère, et de damoiselle Elisabeth *Vernoy.* Marraine, damoiselle Anne *de Vellard.*
Ledit Emilien né le 18 février 1641.

Le 20 février 1642, fut baptisé, dans l'église de Saint-Lau-
rent-de-Châtel-de-Neuvre, Louis *de Vellard,* fils d'Antoine *de
Vellard,* écuyer, seigneur de Logère, et d'Elisabeth Vernoy.

Le 30 novembre 1643, fut baptisé, dans l'église de Saint-
Laurent-de-Châtel-de-Neuvre, Jean *de Vellard,* fils d'Antoine
de Velard, écuyer, seigneur de Logère, et d'Elisabeth Vernoy.
Parrain, noble Jean Vernoy, écuyer, président de l'élection
de Moulins ; marraine, damoiselle Elisabeth Vernoy, femme
de   . Ledit Jean né le 24 dudit mois.

Le 15 août 1645, fut baptisé à Châtel-de-Neuvre, Françoise
de Vellard, fille d'Antoine et d'Elisabeth Vernoy. Parrain, noble
François Vernoy ; marraine, damoiselle Louise François.

Le 27 février 1647, fut baptisée Elisabeth *de Vellard,* fille
d'Antoine et d'Elisabeth Vernoy. Parrain, dom Pierre Guillouet,
prieur et comte de Saint-Maurice ; marraine, demoiselle Elisabeth Hugon de Fourchaud, femme de François Pénaud, écuyer,
seigneur du v.   de la compagnie du Roi.

Le 16 février 1650, fut baptisée Geneviève *de Vellard,* fille
d'Antoine et d'Elisabeth Vernoy.

Le 19 septembre 1652, fut baptisé Jean-François *de Vellard,*
fils d'Antoine *de Vellard,* écuyer, seigneur de Logère, et
d'Isabelle Vernoy. Parrain, Louis *de Vellard,* son frère ; marraine, dame Jeanne Guillouet, fille de Jean, écuyer, seigneur
de la Motte, et de demoiselle Louise *de Vellard.*

Le   août 1668, fut inhumé Antoine *de Vellard*, écuyer, seigneur de Logère.

Le 2 février 1671, fut marraine damoiselle Geneviève *de Vellard*, fille d'Antoine, écuyer, seigneur de Logère.

Le 14 avril 1689, a été inhumé Louis *de Vellard*, de Logère, écuyer, seigneur de la Motte, décédé la veille.

Le 29 mai 1698, a été inhumée, dans l'église de Châtel-de-Neuvre, noble personne damoiselle Elisabeth *de Vellard*, décédée le jour précédent, dans sa maison de Logère, âgée d'environ 45 ans.

Le 26 mars 1716, a été enterrée noble demoiselle Eloyte *de Vellard*. de Logère, âgée d'environ 70 ans, décédée le 24 du même mois.

Le 11 mars 1720, a été enterrée noble demoiselle Geneviève *de Vellard* de Logère, âgée d'environ 70 ans, décédée le 9 du même mois.

VERNOY.

Etienne *du Vernoy,* chevalier, rend aveu en 1300, pour Yolande, sa femme, de la terre de la Motte-de-Néronde, dans les paroisses de Saint-Loup et de Saint-Géran-de-Vaux, sous Verneuil. (*Noms féodaux.*)

Isabelle, veuve de Guillaume-Simon *du Vernoy,* rend aveu en 1335, pour des biens à Saint-Prix, sous Moulins. (*Ibid.*)

Hugues *du Vernoy,* damoiseau, rend aveu en 1387, pour les biens de Foulque de Mons, son épouse, sis en la paroisse de Saint-Géran.

Jean *du Vernoy*, écuyer, rend aveu en 1411, pour les biens de Guicharde Chamberline, sa femme, sis en la paroisse d'Aveuldre, sous la châtellenie de Bourbon. (*Ibid.*)

Jean *de Vernois*, écuyer, seigneur de Beauvergier, rend aveu en 1691, pour la moitié du fief des Eschalloux, en la paroisse de Bayet, sous Chantelle, qu'il avait acquis de Marc-Marius de Brechard, écuyer, seigneur de Mousseaux, et de Louise de la Roche, sa sœur. Louis *de Vernois*, son fils, était chevau-léger de la garde du Roi, en 1717. (*Ibid.*)

François *Vernoys*, conseiller au présidial de Moulins, rend aveu, en 1703 et en 1717, pour le fief et seigneurie de Mont-Journal, en la paroisse de Monestay, et pour la terre et seigneurie de Beauvais, en la paroisse de Saulcet, sous Verneuil. (*Ibid.*)

Vernoy porte : *écartelé : au 1er et 4 d'azur au chevron d'or, accompagné de trois vers à soie d'argent en fasce, au chef cousu de sable ; au 2 et 3, d'azur au lion d'or.*

BRANCHE DE MONTIFAULT.

Ve DEGRÉ.

Du 8 juin 1598, contrat de mariage de Charles *de Vellard,* écuyer, fils de Claude *de Vellard,* écuyer, seigneur des Salles, et d'Anne de Montcoquier, avec damoiselle Philippes Pointet, fille de Jean de Pointet, écuyer, seigneur de Logère, et de damoiselle Madeleine Chevrier. Signé : Duforest, notaire.

Procuration du 28 avril 1614, sentence du présidial de Moulins du 24 juin 1615, autre sentence de la sénéchaussée de Bourbonnais du 9 juillet 1625, et une quittance du 24 mars 1620 ; par les quelles quatre pièces il parait que ledit Charles *de Vellard* est qualifié écuyer et a payé sa ferme du voyage des députés de la noblesse du Bourbonnais en cour.

Du 4 mars 1600, sentence du sénéchal de Bourbonnais, où Charles *de Vellard* est qualifié écuyer, seigneur de Montifault et de la Brenne.

Extrait des registres des paroisses de Chatel-de-Neuvre et de Saint-Germain-d'Entrevaux, aujourd'hui réunies en une seule commune, sous le nom de la première.

Le 28 mars 1604, a été baptisé Gabriel *de Vellard*, fils de Charles *de Vellard*, écuyer, seigneur de Montifault et de la Brenne, et de damoiselle Philippe de Pointet.

Le 20 mars 1615, a été baptisé Bérard *de Vellard*, fils de Charles *de Vellard*, seigneur de Montifault et autres plusieurs places, et de damoiselle Louise de Bard. Parrain, Bérard de Loche ; marraine, damoiselle Anne du Touny.

Le 29 mai 1620, a été baptisé Pierre *de Vellard*, fils de Charles *de Vellard*, écuyer, seigneur de Montifault, et de damoiselle Louise de Bard.

Le 8 avril 1625, a été inhumé Gabriel *de Vellard*, seigneur de Montifault.

Le 3 avril 1629, a été inhumé Charles *de Vellard*, écuyer, seigneur de Montifault et de la Brenne,

Le 31 août 1631, a été inhumée dans l'église de Châtel-de-Neuvre, Madame *de Vellard*, religieuse.

(Cette mention sommaire ne peut se rapporter qu'à Louise *de Bar*, veuve de Charles de Vellard depuis 1629).

DE BAR.

La famille de Bar est connue en Berry depuis 1270 ; La Thaumassière en a donné une généalogie détaillée ; elle porte : *fascé d'argent et d'azur de six pièces.*

La branche aînée, seigneurs de Baugy, Etrechy, barons de la Guierche, vicomtes de Savigny et du Préau, a produit : Jean *de Bar*, chevallier, chambellan des Rois Charles VIII et Louis XI, bailli de Touraine, capitaine des châteaux de Tours et d'Amboise, mort en 1469, père de Denis, 1er évêque de Tulle en 1472, puis évêque de Saint-Papoul en 1496 ; de Charles, évêque de Saint-Papoul après son frère ; et de Robert de Bar, échanson du Roi, député de la noblesse aux états généraux de Tours en 1484, qui épousa Madeleine de Châteauneuf, dont il eut : Madeleine *de Bar*, femme de Jean de Courtenay, seigneur de Bléneau ; et François *de Bar*, marié avec Renée de Montberon, de la maison d'Avoir, dont il eut deux filles mariées, l'une à Jean de Damas, seigneur d'Anlezy, l'autre à Jean de Jaucourt, seigneur de Villarnoul ; et François *de Bar*, qui épousa Catherine de Chabannes, dont il n'eut pas d'enfants, en la personne duquel s'éteignit la branche aînée.

V. Jean *de Bar*, chevalier, seigneur de Villemenard, épousa en 1515 Françoise de Vinon, fille de Jean de Vinon, écuyer, seigneur de Perrières, Buramlure et Estivau. Le 21 avril 1553, il fit le partage de tous ses biens et de ceux de sa femme, entre ses enfants, donnant entre autres tous ceux qui étaient situés dans la paroisse de Vinon à son fils aîné qui suit.

VI. François *de Bar*, seigneur de Buramlure, chevalier de Saint-Michel, l'un des cent gentilshommes de la maison du Roi, gouverneur de Sancerre, épousa Paule du Chesnay, fille d'Edme du Chesnay, écuyer, seigneur de Neuvy-sur-Loire, dont il eut :

1° Antoine, qui suit.

2° Edme *de Bar*, qui a fait la branche de Billeron.

VII. Antoine de Bar, seigneur de Villemenard, Buramlure, Vinon, etc., né en 1540, épousa : 1° en 1560, Françoise

Le Roy ; 2° le 13 décembre 1574, Madeleine de Babute, veuve d'Etienne de Maumigny, écuyer, seigneur de la Broce et du Vieil-Mannay.

Du 1er lit vinrent :

1° Guillaume *de Bar*, chevalier, seigneur de Buramlure, marié le 25 juillet 1584, avec Henriette de Maumigny, fille d'Etienne et de Madeleine de Babute.

2° Jean *de Bar*, seigneur de Fontaine et de Guimonville, qui a fait branche.

3° Pierre *de Bar*, chevalier de Malte, commandeur de Celles.

Du second lit :

4° Louis *de Bar*, né le 13 juillet 1577 ;

5° François, né le 5 juin 1578, mort jeune ;

6° Anne, née le 25 juillet 1579 ;

7° Louise *de Bar*, née le 12 août 1580, mariée à Charles *de Vellard*, seigneur de Montifault.

BABUTE.

La Thaumassière a aussi donné la généalogie de la famille de Babute dans son *Histoire du Berry*, mais il l'a fait d'une manière très-sommaire. Il commence la filiation à Durand *de Babute*, seigneur de Fredefond, qui épousa vers 1435 Blanche de Maleret.

IV. Gaspart *de Babute*, seigneur de Fredefond, Verouse-Long, La Bruere, épousa le 31 juillet 1541, Philiberte de Fontenay, dont il eut :

V. François *de Babute*, seigneur de Saint-Père-du-Mont, de

Foucherenes, épousa le 23 août 1610 Françoise des Guerres, dont :

VI. Hugues *de Babute*, baron de Saint-Père-du-Mont et de Germigny, seigneur de Foucherennes et de Neuvy, épousa Marie Tenon, fille d'Etienne Tenon, maître des requêtes, seigneur de Fontfay, baron de la Guierche, et de Françoise Bolacre,

BABUTE porte : *pallé d'or et d'azur de huit pièces.*

VIᵉ DEGRÉ.

Des 12 octobre 1619 ; 20 septembre et 20 octobre 1620 ; 24 octobre 1634 ; 18 novembre 1644 et 11 février 1650 ; six lettres écrites à Gabriel *de Vellard,* seigneur de Montifault, par les gouverneurs et lieutenants du Roi de Bourbonnais ; juge et procureur du Roi de la Châtellenie de Verneuil, à ce qu'il eût à se tenir prêt et en équipage pour, en qualité de gentilhomme, aller au devant du Roi et assister aux entrées de MM. les gouverneurs et lieutenants de Roi en cette province de temps à autres.

Certificat des services rendus dans les armées de S. M. par Gabriel *de Vellard,* écuyer, seigneur de Montifault ; donné à la Motte-Chambier, le 28 mai 1630. Signé : Reville.

Du 21 juin 1630, partage fait entre Gabriel et François *de Vellard,* frères, écuyers, seigneurs de Montifault et de Montvicq, fils de Charles *de Vellard,* seigneur de Montifault, et de damoiselle Philippe Pointet, par lequel il parait que ledit Gabriel *de Vellard* a eu de préciput et droit d'aînesse une maison seigneuriale située en la ville de Saint-Pourçain, en Auvergne, (St-Pourçain-sur-Sioule, Allier), avec cens et rentes. Signé : Picquet, notaire.

Certificat de services rendues à l'armée du Roi par Gabriel et François *de Vellard,* écuyers ; Signé : de Créquy. Ensemble une sentence du Sénéchal de Bourbonnais, du 15 juin 1656 ; Signé : du Buisson. Le tout collationné par Picquet, notaire.

Du 4 juillet 1655, autre certificat des services de Gabriel *de Vellard,* écuyer, seigneur de Montifault. Signé : de Saint-Georges.

Du 12 octobre 1636, certificat du chirurgien du Roi, par lequel il parait que ledit sieur *de Montifault,* a été blessé dans l'armée d'Italie, d'un coup de mousquetade dans l'œil, dont il l'a perdu. Signé : Genest.

Du 22 octobre 1639, autre certificat des services rendus au Roi, par ledit sieur *de Montifaud.* Signé : Amanzé.

Du 29 juillet 1646, contrat de mariage de Gabriel *de Vellard,* écuyer, seigneur de Montifault, fils de Charles *de Vellard,* écuyer, seigneur de Montifault et de la Brenne, et de demoiselle Philippe Pointet, avec damoiselle Jeanne de Chantelot.

Extrait des registres des paroisses de Châtel-de-Neuvre et de Saint-Germain-d'Entrevaux.

Le 14 février 1649, a été baptisé Gilbert *de Vellard,* fils de Gabriel *de Vellard,* écuyer, seigneur de Montifault et de la Brenne, et de demoiselle Jeanne de Chantelot, sa consort. Parrain, Gilbert de Chantelot, écuyer, seigneur de St-Georges, les Gardais, etc. ; marraine, haute et puissante dame Gilberte de Montcoquier, dame dudit lieu, de Saint-Augustin, Gravier, les Foucauds, etc., femme de Etienne de la Souche, chevalier. Ledit Gilbert *de Vellard,* avait été ondoyé dès le mois d'août 1647.

Le 14 février 1649, fut baptisée Louise *de Vellard,* fille de Gabriel *de Vellard,* écuyer, seigneur de Montifault et de la Brenne, et de demoiselle Jeanne de Chantelot, sa consort. Parrain, messire Le Tailleur du Tonnin, seigneur et prieur de de Mautaupin et Vernouillet ; marraine, demoiselle Anne *de Vellard,* consort de Jean Guillouet, écuyer, seigneur de Rocheton, sénéchal ordinaire de S. A. R.

Le 14 juin 1650, fut baptisée Aimée, fille de Gabriel *de Vellard,* écuyer, seigneur de Montifault, et de demoiselle Jeanne de Chantelot, sa femme. Parrain, Jean Palierne, écuyer, seigneur de Mémorin, l'Ecluse et autres places, conseiller du Roi et président en l'élection de Moulins ; marraine, demoiselle Aimée de Bonneval, fille de...... de Bonneval, écuyer, seigneur de la Varaine et de Toignat.

Le 28 mai 1651, fut baptisée Anne, fille Gabriel *de Vellard,* écuyer, seigneur de Montifault, et de demoiselle Jeanne de Chantelot, sa femme. Parrain, Jean *de Vellard,* écuyer, seigneur de Martilly, de Vinon (ou Vinos) et autres places ; marraine, demoiselle Anne le Tailleur, dame de Rocheton.

Le 18 mars 1653, fut baptisée Isabelle *de Vellard,* fille de Gabriel *de Vellard,* écuyer, seigneur de Montifault, et de demoiselle Jeanne de Chantelot. Parrain, M. *de Vellard,* écuyer ; marraine, damoiselle Isabelle Vernoy, femme de François *de Vellard,* écuyer.

Le 9 mars 1655, fut baptisée Marie *de Vellard,* fille de Gabriel *de Vellard,* écuyer, seigneur de Montifaut, et de demoiselle Jeanne de Chantelot, sa femme. Parrain, Gabriel Petitjean. Ladite Marie *de Vellard,* née le 17 juillet 1654, fut ondoyée à la maison de Logère, par un prêtre d'Entrevaux, quatre jours après sa naissance.

Le 28 février 1656, fut baptisée Marguerite, fille de Gabriel *de Vellard,* écuyer, seigneur de Montifault et de la Brenne,

et de damoiselle Jeanne de Chantelot, sa femme. Parrain,
Jean de Chantelot, écuyer, seigneur de Longeville ; marraine,
demoiselle Marguerite Guillouet.

Le 18 juillet 1657, fut baptisé Claude-Gilbert *de Vellard,*
fils de Gabriel *de Vellard,* écuyer, seigneur de Montifault et de
la Brenne, et de demoiselle Jeanne de Chantelot. Parrain,
Claude-Gilbert de Plantadis, écuyer, seigneur de la Vernede ;
marraine, demoiselle Philiberte Vernoy, femme de M. de
Dreuille, écuyer, seigneur de Boucherolles et de la Porte.

Le 7 octobre 1658, fut baptisé Louis *de Vellard,* fils de
Gabriel *de Vellard,* écuyer, seigneur de Montifaut et de la
Brenne, et de demoiselle Jeanne de Chantelot, sa femme.
Parrain, Louis *de Vellard,* l'aîné, écuyer, fils du sieur de
Logère ; marraine, demoiselle Claude de Chantelot. Ledit
Louis né le 6.

Louis *de Vellard,* écuyer, seigneur de Varaine, rend aveu au
Roi, en 1686, pour le fief de Fontviolant, en la paroisse de
Bellenave, sous le ressort de Chantelle en Bourbonnais.
(Registre de la chambre des comptes de Paris, n° 474, p. 596.
Noms féodaux.)

DE CHANTELOT.

Claude *de Chantelot,* écuyer, fils de feu Jean-Gilbert *de
Chantelot,* écuyer, rend aveu en 1711 et 1717, pour les fiefs
de la Chaize et du Petit-Poirier, dans les paroisses de Breuil
et de Saint-Félix, sous la châtellenie de Billy en Bourbonnais.
(Noms féodaux.)

Gaspard *de Chantelot,* écuyer, seigneur de Chantemerle,

rend aveu en **1717** pour le fief de Quiriel, en la paroisse de Trezel, sous le ressort de Chaveroche. *(Ibid.)*

Antoine *de Chantelot*, fils de feu Jean *de Chantelot*, écuyer, rend aveu en **1722**, pour le fief et seigneurie des Gardetes, paroisse de Besson, sous Souvigny. *(Ibid.)*

Les *Chantelot*, famille ancienne en Bourbonnais, ont donné des chevaliers de Malte et des chanoines, comtes de Lyon. Ils portent : *d'azur au lion d'or, armé et lampassé de gueules.* La terre de Chantelot, qui a donné son nom à cette famille, est située dans la paroisse de Treteau en Bourbonnais.

BRANCHE DE MONTVICQ.

VIe DEGRÉ.

Du 12 août 1634, sentence des officiers de l'élection de Montluçon, par laquelle il est ordonné, du consentement du procureur du Roi, que François *de Vellard*, écuyer, seigneur de
la Brenne, jouira des privilèges attribués à la noblesse. Signé :
Goujon, greffier.

Du 3 février 1636, contrat de mariage de François *de Vel-
lard,* écuyer, fils de Charles *de Vellard,* écuyer, seigneur de
Montifault, et de damoiselle Philippe Pointet, avec damoiselle
Marie de Saint-Martin. Signé : Benudon.

Extrait des registres de la paroisse de Montvicq.

Le 5 janvier 1640, a été baptisé Toussaint *de Vellard,* fils
de François *de Vellard,* écuyer, et de damoiselle Marie de St-
Martin. Parrain, puissant seigneur Toussaint de Chantelot ;
marraine, damoiselle Anne du Thonyns.

Le 7 décembre 1645, a été baptisé Pierre *de Vellard,* fils
de François *de Vellard,* écuyer, et de damoiselle Marie de St-
Martin. Parrain, Pierre Fradel du Lonzat ; marraine, damoiselle Antoinette de Courtais.

Le 13 février 1673, a été baptisé Louis *de Vellard*, fils de François *de Vellard*, écuyer, seigneur de Montvicq, et de damoiselle Anne de la Roque, Parrain, Louis *de Vellard;* marraine, damoiselle Isabeau *de Vellard*. Signé : *L. Devellard. J. Devellard.*

Le 11 mars 1674, a été baptisé Gilbert *de Vellard,* fils de François *de Vellard,* écuyer, et de damoiselle Anne de la Roque. Parrain, Gilbert *de Vellard;* marraine, damoiselle Jeanne Guillouet. Signé : *Devellard, Guillouet.*

Le 26 février 1679, a été baptisé Louis *de Vellard,* fils de François *de Vellard,* et de damoiselle Anne de la Roque. Parrain, Louis de Courtais; marraine, demoiselle Catherine du Peschin.

DE SAINT-HIRIER.

Louise de *Saint-Hirier* ou *Saint-Yrier,* femme de Gautier de Saint-Martin, était fille de Jean *de Saint-Hirier,* écuyer, seigneur de Montvicq en Bourbonnais, et de Jeanne de la Mothe, mariés en 1598.

La famille de *St-Hirier* portait : *d'azur à trois étoiles d'argent;* elle est originaire du Limousin, où elle est connue depuis l'an 1040, époque à laquelle Hugues et Guillaume de St-Yrieix firent une donation au monastère du Vigeois. Hélie de *St-Yrier,* évêque d'Uzès en 1344, fut créé cardinal en 1356, et nommé évêque d'Ostie, par Urbain V, en 1363. Il mourut à Avignon en 1367. César *de Saint-Hirier,* reçu chevalier de Malte en 1571, commandeur de Poullac et de Lacoulx en 1606.

Cette famille, qui a donné de nombreux militaires dans les compagnies d'ordonnances au XVIe siècle, s'est divisée en plusieurs branches qui se sont fixées dans la Marche et dans le Bourbonnais.

VII° DEGRÉ..

Futurum matrimonium inter Ludovicum-Petrum *de Vellard,* scutiferum, viduum Carolæ de Chalu, ex una parte : et Margaritam *de Celle,* viduam Francisci de la Tour, scutiferi, ex altera ; parochianos nostros, intra missarum parochialium solennæ, canonicè ac nemine adversante semel et iterum a quatuor diebus denuntiatum esse, testor, ego infra scriptus, presbiter sacræ facultatis parisiensis, doctor theologus et ecclesiæ parochialis Sancti Rochi vicarius. Datum Parisiis, die tertia februarii an. 1694. Signé : Gaucher.

La famille *de Chalus* est l'une des plus distinguées de l'Auvergne et du Bourbonnais, elle porte : *de sable, semé d'étoiles d'or, au poisson de même en bande, à la bordure engreslée de gueules.* Ces armes lui sont déjà attribuées par Guillaume Revel, dit *Auvergne,* héraut d'armes du roi Charles VII.

BRANCHE DE MARTILLY.

VIᵉ ET VIIᵉ DEGRÉS.

Jean-Claude *de Vellard*, chevalier, fils de Jean *de Vellard*, chevalier, rend aveu au Roi en 1669 et en 1700 pour le château, terre et seigneurie de Martilly, en la paroisse de Martilly, et pour la dîme de la Roche, en la paroisse de Bransat, dans l'élection de Gannat, sous le domaine de Riom, en Auvergne. (Registres de la chambre des comptes de Paris ; nº 499, fº 225 ; nº 502, fº 70 ; nº 503, fº 361 ; et nº 507, fº 3.) (*Noms féodaux.*)

Annet-Joseph Forgeron, avocat en parlement, bailli de Saint-Pourçain-sur-Sioule, rend aveu au Roi en 1717, au nom de sa femme, Marie-Jeanne *de Vellard*, héritière de Jean-Claude *de Vellard*, pour la terre et seigneurie de Martilly, élection du Gannat. Registre de la chambre des comptes de Paris, nº 505, fº 193). (*Noms féodaux.*)

Le 2 avril 1766, a été inhumée dans l'église de Bayet, Catherine *de Velard* de Martilly, décédée de la veille, âgée de 84 ans environ. (Extrait des registres de Bayet.)

TABLE ALPHABÉTIQUE

DES

FAMILLES ALLIÉES.